让学习真正发生

——指向语文核心素养的课堂转型

周康平 著

浙江科学技术出版社

图书在版编目（CIP）数据

让学习真正发生：指向语文核心素养的课堂转型 / 周康平著. -- 杭州：浙江科学技术出版社，2021.8
 ISBN 978-7-5341-9813-7

Ⅰ. ①让… Ⅱ. ①周… Ⅲ. ①中学语文课－课堂教学－教学研究 Ⅳ. ① G633.302

中国版本图书馆 CIP 数据核字（2021）第 168665 号

书　　　名	让学习真正发生——指向语文核心素养的课堂转型	
	周康平　著	
出版发行	浙江科学技术出版社	
	网址：www.zkpress.com	
	杭州市体育场路 347 号	
	邮政编码：310006	
	销售部电话：0571-85176040	
	编辑部电话：0571-85152719	
	E-mail：zkpress@zkpress.com	
排　　版	杭州万方图书有限公司	
印　　刷	浙江新华印刷技术有限公司	
经　　销	全国各地新华书店	
开　　本	710×1000　1/16	印　张　13.75
字　　数	225 000	
版　　次	2021 年 8 月第 1 版	印　次　2021 年 8 月第 1 次印刷
书　　号	ISBN 978-7-5341-9813-7	定　价　45.00 元

版权所有　翻印必究

（图书出现倒装、缺页等印装质量问题，本社销售部负责调换）

责任编辑　马瑶瑶　　　　责任美编　金　晖
责任校对　张　宁　　　　责任印务　叶文炀

当"让学习真正发生"成为书题时（代序）

"让学习真正发生"，有一个更为准确、通俗的说法，那就是"让学习真实发生"，类似的观点、倡议，近些年来屡屡见诸报刊，引人注目。

这个话题受关注，想过去，大概就像我们要正经地讨论"人总是要吃饭"一样，无非说明"学习没有真实发生"，已经成为一个现实得不得不认真面对并加以克服的问题。因为按常理，学习，还有不真实的吗？这个还需要写书来讨论吗？你见过以"我们总是要吃饭的"为题的书吗？

但我不认为我们的教学会眼睁睁地看着"不真实的学习"一天天地长期地存在着进行着。更有可能的情况是，我们不认为我们的学生正在进行"不真实"的学习，甚至认为非常真实：学习就是这样的，有什么问题吗？

仔细想去，何为"真实"？事实上一直陪伴着语文课程的发展过程，真实地成为一个值得研究的问题——不同时期的语文的真实，并不相同。

中国古代漫长的几乎"唯此一式"的私塾教育，由于其基础中识字、写字、读文章、写文章的教学内容，使人们常常"联想式"地把它跟现代语文课程作密切关联。那个时代语文的"真实"，恐怕与"读圣贤书""货于帝王家"的内容、目的是分不开的。1904年独立设科后，语文课程先后担负起"试课论说文字""教浅显书信记事文法""以资宦科实用"的任务，担负起"说普通语言""看现代应用文""做现代应用文"的任务……担负起类似于"扫盲""文化普及"的任务。其"真实"更倾向于语文的"工具性"内容。再之后，"人文"内容风起云涌。再之后，高考浪潮席卷而来，应试内容自然必不可少。再之后就来到了我们熟知的现在，素质、能力、素养等先后成为语文课程的特别显著的"真实"内容。

言下之意是，在信息时代呼啸而至、快速发展的当下，在教育水平水涨船高的当下，语文课程如果不能跟时代要求共进步，即使它照样有着之前语文的"真实"内容，也未必就很真实。

不得不说，从讨论语文的真实内容到关注"语文学习真实发生"，是一个了不起的进步。这说明我们对教育的认识已经从"师教"转向"生学"。"教材有什么就教什么"逐渐转向"学生缺什么就教什么"，已经成为顺应时代要求的语文之当下"真实"。

那么请问，当下高中语文的"真实"内容是什么？怎样才算"让学习真实发生"？——换个角度来问或会更清楚，当代高中生在语文学习上，"缺"的是什么？

大热词"核心素养"确实回避不开，因为它的出现有可能正在帮助语文学习挣脱出掌握不断产生的无尽知识、不断翻新的无穷能力的泥淖，从而科学地抓住那些"少而有用"的学习内容，帮助实现当下语文学习"真实发生"。

学习，语文学习，高中语文学习，它的当下"真实"，有意义的"真实"，如果就在核心素养，那么又应侧重于哪个方面呢？

因为我们都知道，认字、会读、能写、能写作等，更多是低年段语文学习的任务。而高年段的语文学习，更多的是应用，是解决现实问题。也就是说，学生在初中毕业时已经大致掌握了语言文字作为"交际工具"的功能，高中阶段，重要的是习得语言文字的高阶功能——"思维工具"。这种"思维工具"必然不会是应对性的"过脑"，不会是人云亦云式的"复制粘贴"，而必然是创新、创造的思维。

简言之，当下高中语文学习的"真实发生"，很可能集中体现在——学生的思维有没有获得富于学习意义的发展。追问"学习真实发生"，就应该追问：学生思考了吗？有产生有意义的思考成果吗？思维方式、品质得到优化、提升了吗？

周康平老师多年来立足课堂教学实践，孜孜于教学研究，追随语文理论发展，他能抓住"让学习真实发生"这个闪光的话题，实在是顺理成章。但难就难在，他还能把这个话题写得接地气，写得切实有力，无论"学习场"还是"教学评一致的课堂"，都是当下最有可能"让学习真实发生"的地方。这一点，相信老师们阅读此书时会有相同感受，相信周老师的实践与思考能给有志于语文教学研究的老师们以有益的参考、启发。

浙江省教育厅教研室　黄华伟
2021年5月　杭州

写在前面的话

此书如果更严谨些，应该取名为《我的7个讲座和13节课》才对。因为这本书的七个章节是从七个讲座的讲稿转化而来，十三个教例则是我近几年来的公开课所集，现在罗列在这七个讲座之后，用来佐证七个讲座的观点。两者以相互印证的形式来呈现，这种呈现试图展示观点与实践的融合，以显示我思考的真实性。

把它们编撰成书，以文字的面目呈现，很明显地带上了口语化的特点，这也是由讲座和课堂的言语方式决定的。这一点，你们在阅读的时候就会感觉到，甚至可能会让你在阅读的时候，产生口语化所带给你的不信任感。因此，我想在你可能开始阅读前，对你做一些解释。很多教师跟我说，听了很多专家的讲座，虽觉有用，但很多时候无法全部领会其中奥秘——我觉得这可能是由教师本身直接面对学生而非理论研读的特点所决定的。专家关注理念引导，教师追求一线实践。理论跟实践之间，本身就存在着"错位"现象。而他们在我的讲座中听到了对这些概念、理念"接地气"的阐释，觉得我对这些理念、概念做了适度的"减难"处理。其实这也正是我觉得教研员的价值所在——教研员的作用不正是专家和一线教师之间的桥梁吗？所以，我把他们的话当成"褒词"和"鼓励"。正是他们的提议，我把这些讲座和课例做了梳理，所以，这本书的呈现与别的书有很大的区别：试图用讲座的言语方式呈现观点；多达十几个教学案例印证观点，复活真实的课堂教学；前后的观点均点到为止，稍有关联，但都在絮絮叨叨一件如何让学习真正发生的事情，面分实合。

在本书中，你会看到几个大单元的整体设计，那几个案例均已发表在几本重要的语文期刊上，是跟当下新课程结合得最为紧密的地方。你还会看到很多单篇的教学设计、案例和课例，但这些好像与当下提倡的"群文阅读"格格不入。其实我一直觉得，无论哪一次的教学改革，无非都是对教学理念的一次更新，采用何种方式都只是"外在实现"的一种表象。纵观近二十年来的课程教学改革，每一次改革，我们都会发现：每一次的课堂呈现方式、课堂教学模式、文本处理形态，都会被后一次的改革所修正。所以用一次改革进程中的课堂形式、文本处理等来评价，我认为，并不能真的看到教学本质。

我觉得所有的改革过程都只不过是课堂改革历史中的一个环节，我们不能以能否体现某个环节来判断其价值，对其背后理念的判断、梳理和更新才是永恒的前沿。

作为教研员，最为常规的工作就是听课、做讲座，有时候上几节公开课，做些课堂变革、教学思考、理念的上学下达的工作。我逐渐发现，尽管课程改革那么多次，那么多年了，大部分的课堂教学中仍然积习难改：于教师方面，常常处在一种"自恋式教学"状态中；于学生方面，学习行为很少被激发。教师与学生之间的相互"欣赏"常常流连于"是否能产生有用分数"层面。最直接可能导致的后果就是，学生容易产生这样的误解：语文学习效果不太好，所以不值得花太多的时间。不仅学生这样想，其实，很多教师自己也相信。遗憾的是，很少有教师会去思考出现问题的缘由，会回到问题原点来思考教学行为本身。教师与学生之间，绝对不是一个人与一群人的关系，我觉得在真实的课堂中，教师和学生的关系应该是一个人激发一群人，一群人倍增为"N"人，课堂变成了"1+N"。这个过程中，是"1"（教师）如何去激发"N"（学生）成了教学的关键。这个"激发"就是"促使学生发生真正的学习行为"，从而改变教学的效果。残酷的是，从促使学习发生的角度来看，教师们很少把学生作为教学备课的关键点。换句话说，课堂中并没有真正发生学习行为的状况是近些年来，有效课堂推进过程中最为严重的问题。

无论在那一个阶段的课程改革，无论是"以生为中心"还是"以学为中心"，无论是"三维目标"还是"核心素养"的提出。每一个教学概念的推出，可能都迷惑我们对教学的思考，这也正是教师们"憎恨"教材改革的原因所在。不过，我们拨开弥漫在这些概念表面的迷雾，不难发现，这些年来，我们不停地进行课程改革、改善教学的探索，其实背后都有一条清晰的"教学推进意图"路子，即如何更好地推进学生在课堂中发生学习行为。只要把握了这条教学推进的途径，我们就不会对新课程的改革迷失方向，对教学变革觉得忧心忡忡。我的大部分教学生涯都与新课程改革同行，我发现这个问题一直存在，解决如何让学生发生真正的学习，才是历次课程改革的终极目标。所以，让学习真正发生，无论何时去谈论这个问题，都不会不合时宜，这本书呈现的特殊方式就是基于这种想法而生。

本书因为没有系统性，而是诸多想法的个体相加，且以个人主观性的理解居多，所以，很多地方不免有浅陋之嫌，阅读时建议你睁一只眼闭一只眼为佳！

目录

第一部分 营造真实发生学习的学习场

第一章　让教学置身真实 ………………………………………… 2
　第一节　情境教学：营造最为真实的学习场 ……………………… 2
　第二节　现场生成：基于真实情境的课堂设计 …………………… 9

第二章　让教学立足学情 ………………………………………… 31
　第一节　起点和落点：真实课堂必须关注的两极 ………………… 31
　第二节　尊重学情：真实课堂的理性需求 ………………………… 38

第三章　让教学变得简趣 ………………………………………… 69
　第一节　简单有趣：让教学可爱有效 ……………………………… 69
　第二节　寻找支点：让教学简洁真实 ……………………………… 83

第四章　让真实贯穿大单元设计 ………………………………… 91
　第一节　课堂转型：从一次比赛看新课程课堂 …………………… 91
　第二节　大单元设计：为了更好地让学习发生 …………………… 100

第二部分　营造教学评一致的真实课堂

第一章　让教学可测可见 ·· 136
　第一节　可测可见：课堂落实的显性化 ································ 136
　第二节　学而有用：基于解决问题的最真实情境 ···················· 141
第二章　让学生成为设计者 ·· 160
　第一节　学会提问：走向未来的关键能力 ···························· 160
　第二节　预设生成：课堂中的"真学生"和"伪教学" ·············· 165
第三章　让命题倒逼课堂转型 ··· 181
　第一节　评价倒逼：一种"逆向"的课堂转型落实方式 ··········· 181
　第二节　命题研究：为了让课堂更真实有效 ························ 188

参考书目 ·· 212

第一部分

营造真实发生学习的学习场

第一章 让教学置身真实

第一节 情境教学：营造最为真实的学习场

一、教材是用来干什么的

常常有教师询问：新教材中哪些课文特别重要？哪些文章高考中会考到？《乡土中国》《红楼梦》的整本书阅读，新高考应该会考到吧？课文中哪些知识是最重要的？单篇教学可以吗？大单元教学怎么整合？教学时间来不及怎么办？大单元设计后如何处理某些经典作品？……

凡此种种，无不折射出教师们对新课程的理解存在着不到位的情况。要回答这些问题，首先就要弄清楚"教材的作用"。如何使用教材，一般有两种做法：一是"教教材"，二是"用教材教"。前者是把教材所选的文本作为"经典文本"来考虑，后者是把教材作为"教学的语料和资源"来处理。"教教材"，考虑的是如何定位、处理这些（编者们选出来的）文章，思考这些文章有哪些资源可以挖掘，这些文章是不是可以承担更多的学习任务。"教教材"的目的是通过引导学生学习这些文章后能使学生的语文水平得到提升。如果是"用教材教"，那么教材在某种程度上就是定位"语料"和"资源"的作用。

从目前教学实践中大家对此的处理来看，这一套部编版的教材定位于"用教材教"的意见居多。我们暂且采用大多数人的想法，故而，大家更多的思考是：在新课程背景下教材的选文，如何为18个学习任务群中的阅读与鉴赏、表达与交流、梳理与探究活动提供"语料"和"资源"；教师要思考这些"语料"和"资源"如何来统编、规整和利用。

新课程中，专家们提供了一套统编、规整和利用的解决方案：单元学习任务的设置。

江苏的陈兴才老师认为，"单元学习任务"设计正是本套新教材的精华与特点所在。按照新课标要求，新教材是以"学习任务群"来整合单元教学的。使用这套教材，最明显的教学变化是突破单篇阅读精讲细析的固定模式，更加放手让学生自主学习，建构"语文核心素养"。把过去单篇的课文教学组合为"学习任务群"，并且以任务群来组织单元教学，这样，教学目标就会比较集中而且清晰，我们的教学就不会显得面面俱到，避免什么课都有一套程式的"同质化"弊病。简单地说，就是单元整体教学将成为当下的主形态教学，学习任务群会成为教学考虑的中心，以文本为中心的课堂教学时代将会被改写。教师在课堂上是根据学习任务的需要来选择教学内容（这就完美地解决了"语料"和"资源"的统编、规整和利用的难题），而非文本本身的特点（当然，具体教学时，文本本身也会起作用，那是另一回事）来决定的——这也就是当下所言的"从教知识到教能力"的转变，从"文本中心"到"素养中心"的转变。这正是我们在实施新课程中最需要转变的理念，在这种理念关照下的课堂才是我们所言的基于核心素养背景下的转型课堂。

二、情境教学与新课程

如上所言，课堂转型以"素养培育为中心"，那就意味着，语文学习的活动不再停留在知识积累的层面，而上升到更高的一个层级，达到运用和探究的层面。换句话说，课堂的基本教学取向不再是"必备知识"的落实，而是在"运用和探究"中来提升语文的核心素养，满足学生成长的需求。"运用和探究"意味着语文学习是为了解决问题，恰当地说，任务群学习的核心也是为"解决问题"而生的，任务群学习就是基于"解决问题"的语文学习活动（阅读与鉴赏、表达与交流、梳理与探究）的组合，通过"解决问题"来落实语文教学中的积累、运用和延伸的要求。只要是"解决问题"，就要考虑方法。情境教学"解决真实问题"的特性决定了在新课程中必定有大展身手的舞台和机会，尤其是大单元教学，多篇文章的组合需要一个抓手，情境教学在巧妙黏合多篇文章、激发学习兴趣方面提供了很好的可能性，因而，在新课程的落地实践中，这种先前早已存在的教学模式被赋予新的意义和使用情境。

情境教学法（Situational Method）是指在教学过程中，教师有目的地引入或创设具有一定情绪色彩的、以形象为主体的生动具体的场景，引起学生一定的感官体验，从而以更直观的形式帮助学生理解和获取知识或技能，并使学生的心理机能在动态与氛围感受中得到发展的方法。情境教学法主要借助多媒体、图片、实物、故事、音乐、肢体语言等媒介，同时结合课程内容创设教学情境，能较好地启发学生的形象思维，帮助学生理解、掌握具体的知识技能，达到表达、行为与情感的一致，从而激发学生学习的情感。

情境教学强调真实情境下的学习活动，强调在学习活动中落实学习任务。新课程强调做任务，做活动，以任务驱动的方式来带动学习。可以说，情境教学与新课程的教学理念、教学方式有着惊人的契合度，所以，在当前新课程背景下，说情境教学是教学模式的主流一点也不过分，我们可以从新课程标准对情境的描述和出现的频率来印证。2016年9月，我国发布了"中国学生发展核心素养"框架；2017年年底，以"学科核心素养"为主要亮点和基石的"普通高中各学科课程标准"颁布。在这些文件内部和围绕这些文件展开的诸多讨论中，出现了一些高频关键词，"情境"是其中之一。《普通高中语文课程标准（实验）》中，"情境"一词只出现了3次；《义务教育语文课程标准（2011年版）》中，"情境"也出现了7次；而《普通高中语文课程标准（2017年版）》中，"情境"一词共出现了34次。在《普通高中语文课程标准（2020年版）》中明确规定："应关注学生学习方式的转变，做好学生语文学习活动的设计、引导和组织，注重学习效果。根据学生的发展需求，围绕学习任务群创设能够引导学生广泛、深度参与的学习情境……整体提高学生的语文素养。"在"学业水平考试与高考命题建议"中，更是专门提出"考试、测评题目应以具体的情境为载体"，并用一定的篇幅做了专门的说明。

叶丽新教授在《如何理解情境、设计情境化试题》一文中指出：为什么在基础教育课程改革深化阶段会如此重视情境，甚至在测试层面也要专门强调情境？因为课程改革深化阶段以培养学生核心素养为目标，核心素养是指个体在应对21世纪各种复杂的、不确定的现实生活环境时所需的关键品质。为此，学校教育需要帮助学生学会应对各种复杂的现实情境，合理解决现实生活中各种具有挑战性的真实任务；这意味着，要合理测评核心素养，必须依赖于创设合理的、真实的任务情境，才有可能实现。再往前追溯，20世纪80年代末、90年代初以来的学习理论也已经指明，意义建构的根本途径是个体参与实践活动，与情境互动。

三、情境教学能改变什么

任何一种教学方式成为主流，一定有它内在的原因和优势。情境教学的优势在于它有四个强调：

一是强调了学习与生活的关系。情境教学认为语文学习是在印证生活,语文学习不只是书本知识的学习,更应该是复原生活的学习。比如我们常常在新课程的课堂中看到这样的模拟情境:校园文学社要招新,请你写一则招新词。"校园生活招新"是学生生活的真实展现,是学生们真实生活的一部分,这个生活情境对学生而言,是真实存在的,是可以复制的,是可以置身其中的。《语文学习》的封面上有句话"语文学习的外延与生活的外延相等",讲的就是这个道理。

二是强调了当下与将来的关系。我们学习知识文化是为了使学生能应对将来他们面对生活时所需要的能力,教学是"为未来而教"。我们学习语文的重要目的之一就是希望孩子们能适应将来的生活,而能在当下获得前行的能力。在新课程课堂中,曾有人要求学生撰写"写给未来的自己的一封信",这些活动都是一种"移前"的体验。情境教学能立足当下,为学生提供更好地想象空间和学习进步的可能。

三是强调团队合作的重要性。以往课堂教学中的"一对一"模式之所以被人诟病,原因就在于它过于强调个体的重要性。教师在提问后,由个别学生当堂回答,学生答得不好,教师继续跟进引导,其余学生在旁听。教师的原意是通过让学生观摩教师与个别学生的一一对答给他们示范,让全体学生得到启发。实际情况是:当教师在提完问题请一个学生回答时,其余学生往往都是松了一口气,然后坐在那里围观。这种交流指向虽然也是"问题的解决",但解决的方式是通过"一对一交流""穷追猛打式"来实现的。常常是回答者战战兢兢,围观者事不关己高高挂起,完全不能体现出新课程中强调的学生全体参与性,不能体现小组合作、分工完成、又要突出个体特性的特点。情境教学的"情境设计"特点显然能避免这种弊端,因为"情境设置"后需要学生全体参与,每一个个体均有任务,每一个人的任务是不一样的,只有个体(当然,有时候是几个人的小组)合力才能解决问题。

四是强调了学生本身的重要性。团队合作并不意味着个体被忽视。情境教学中,虽然是围绕解决问题而展开,但是解决问题的方式、途径可以是独特的,每一个个体在合作的前提下,通过分工、个体角色分担、独立完成的方式,让每一个学生均可高度参与。每一个人都要为解决问题贡献自己的力量,无人能在情境教学场中脱身。"不能忽视每一个学生"是当下也是将来一直需要去注意的教学理念。让每一个个体都能参与,较好的方式就是设置一个"全体参与式"的教学场。

浙江省元济高级中学基地校活动时，嘉善高级中学的孙元菁老师上了必修上第八单元的"古今词的不同"的公开课。她设置了一个很好的情境：上课伊始问学生，元济高级中学中的"元济"是谁？然后出示了"张元济"考中进士的记载：

> 臣张元济年二十岁浙江嘉兴府海盐县人由廪贡生中式光绪己丑恩科本省乡试第十名举人应壬辰科会试中式第四十七名贡生保和殿复试一等第十名殿试二甲第二十四名

学生为了了解张元济，在教师带领下，对文段进行了解读。解读过程先后涉及断句、古今义、官职礼仪等文化常识和语言殊同等知识点。而这些知识点就是本堂课的教学目标所在，学生在不知不觉之中完成了课堂学习任务，甚至在完成之后，学生都没有意识到自己在学习知识——这就是一种很高明的情境设计。这也正是我所提倡的要让全体学生在真实的课堂学习情境里，毫无违和感地进行学习并达到我们的教学目的的具体做法呈现。

四、当下的情境教学遇到了什么问题

为对接新课程，很多课堂主动创新，但在教学内容落实、核心素养的培育上，效果并不是很好，当下很多新课堂展现了粗放的一面：为创新而创新，为活动而活动。在做活动、做任务中，情境设置的问题尤为突出。尽管很多教师想尽了各种办法设置恰当、优质的情境，在课堂中展现出来的很多情境却是"伪情境"，设计的是"假任务"，不但达不到启发和带动学生的作用，反而干扰了学生的学习。让我们来看一组教师们常见的情境问题设置：

> 1. 假如你是联合国秘书长……
> 2. 假如你是北京市市长，就"地坛"的再开发，你有什么构想？
> 3. 模拟《在马克思墓前的讲话》的格式，现在假如你的长辈去世了，请你为他（她）写一篇葬词。
> 4. 请大家小组讨论一下，怎么去写辩论稿，时间为1分钟。
> ……

学生的身份、经历决定了他无法真实体验联合国秘书长和北京市市长的视

野和胸怀;"假如你的长辈去世了"是一个很残忍的问题,从某种角度来说,会引起学生反感;小组讨论的时间为1分钟,在课堂中基本上是无法完成任务的,是一种作秀行为。凡此种种,在现在的课堂上比比皆是,这也是造成被很多人觉得情境教学不太好的误解原因所在,这些脱离生活、脱离学生实际,为设计而设计的情境设计影响了教学情境的推广。

我所认为的情境教学所达到的课堂效果,应该是这样的:

内容上,学生所学的知识是为了将来的升学考试提供准备的;学生所学的知识是为了解决问题提供方法的;学生所学的知识是为将来更好的生活提供可能的……

教学方式上,既有交互,也有讲坛;有合作,也有独享;有热闹,也有安静;既关注成绩,也关注育人……

课堂情境上,在教师设计的学习场中,学生能置身其中,不觉得乏闷,教学目标落实得了无痕迹,学生和教师在某个情境下甚至忘记了自己身处课堂的事实。

那才是一种课堂的境界。

五、情境教学创设的注意点和层级

对于这个问题,很多文章和理论著作都有过系统性的介绍,大家只要稍微关注一下即可寻找到很多相关的资料,我不再赘述。在这里我提醒一点,创设情境时,要特别注意三点:一是教学要紧扣语文学科特点;二是取材要源自学生生活实际;三是设计要能激发学生解决问题的兴趣。只有紧扣语文学科特点,才能贴近学生的知识基础、认知基础;文本描绘的是作者在彼时彼地的生活,反映的是作者彼时彼地的生活态度,要让学生走进文本,需要使学生的生活与文本的生活情境对接,情境设置只有源自生活,才不会产生学习与生活的鸿沟,才能勾连起文本和生活的联系,锻炼好学生的思维品质。在第二节中,我专门就创设情境中的"现场生成"做了两个案例介绍,期待大家能从中得到启发。至于激发学生兴趣的重要性,自然不用多言。

这里还要再说明的一点是,从教学层面出发的情境教学是有层次的。一般分为三个层次:第一层次为"情境的共鸣推进"——它的作用只是教学处理中的一个环节,在教学过程中让学习有"糖衣"的作用,起到导入的作用,对于整堂课而言，作用并不是很大。第二层次为营造真实的学习环境。所谓的"真实"，是将学习内容、学习方式与自我成长、社会发展进行紧密关联。在前面的阐述中所提到的"情境教学"（我们基本停留在这个层面来阐述），也是我要大家所要注意的关键。随着大单元设计的大力推进，情境教学有了新的提升，从而出现了第三个层次的情境教学。那就是将学习内容和实践的结合即将学科知识转化为学生的认知结构——这就需要我们要站在课程的视角去理解情境，从教学环节走向整体的、综合化的学习任务设计——借此，把课程引向更深处。当然，需要说明的是，这三个层次不是割裂的，很多时候它本身就是一体的不同形式。在第四章中，我们通过几个案例，让大家感受这种情境设计所带来的教学变化。

第二节　现场生成：基于真实情境的课堂设计

课堂教学中，教学资源的选择是一门很有讲究的学问。教师对教学资源的选择，是一种私人化的需求性选择，秉持的是"为我所用"的选择原则。为了让课堂更加有实效，很多教师在课前根据教案设计需要，花很多时间去准备上课所用的素材，如此费心无非就是想在上课的时候，这些选择的素材能起到"关键的作用"，情境设计更加注重此类有"关键的作用"资源的选择。

有教师为了让《烛之武退秦师》的课堂教学更具现场感，使学生有身临其境感，在课前准备阶段，用心地做了一幅"嘴巴"的图案，以期在上课的时候，在模仿"烛之武退秦师"片段时，学生能够更加地投入；有教师在上《我有一个梦想》课的时候，准备好了马丁·路德金的演讲视频，并且把该视频处理成无声的模式，要求学生现场配音。这些基于教学目的的教学资源选择，大大地促进了课堂效率。

在所有的教学资源选择中，最难得的是现场生成教学资源，论效果和巧妙而言，都是最佳的，因为现场生成的东西本身就是一种真实的情境。它最大的妙处是让学生也成为教学设计的一部分，这是非常重要的教学手段，是一种相对高阶的教学处理。比如有这样的一个现场生成的案例：有教师故意选择迟到五分钟到教室。在学生从等待变成骚动的时候，教师适时出现在教室门口，教师趁机要求学生如实描述自己等待教师时的真实心理感受，并交流自己最真实的想法。教师在学生交流完以后，要求学生对自己最真实的心理活动进行描写，并且要求学生在原有记录的基础上继续展开想象：如果教师真的没有出现，会有什么样的情况？你是怎么想的？学生下笔很快，因为这一切都是现场发生的，学生并没有意识到这是一次真实的写作训练，也没有把它当成真实的写作训练，现场事件冲淡了学生上课时所带来的"约束感"，因为事关己身，每个学生不再是置身事外，都自觉地参与其中，高质量地完成了作文训练。现场教学资源的生成，确实能给学生营造不一样的教学场。

在情境教学设计中，我们强调情境设计的相对真实性，强调情境对学生的"逼真度"，强调学生不自觉的参与性，一切都是为了让教学更加高效。现场生成对教师的要求比较高，一般来说，教师要具有相对出色的课堂把控能力，因为没有相对优秀的课堂把控能力，就不能对现场生成的"教学素材"进行现场处理；教师还要具有相对优秀的设计能力，因为没有相对优秀的设计能力，就不能把现场生成的"教学素材"进行"教学化"的处理；教师还要有一定的提升能力，因为没有一定的提升能力，就不能将课堂生成的教学资源导向新阶目标……

在教学资源现场生成中，要注意三个问题：一是要清楚不是所有的教学现场都可以进行设计，相对来说，写作类注重现场性的教学特性更适合此类生成；二是现场生成并不是把所有的教案设计都托付给课堂，恰恰相反，实际上是前移了课堂设计，要求教师对课堂的生成预估要更加的细化；三是现场因时因地不同而不同，使得教学效果难以把控，所以现场生成并不是全部的现场生成，而是大框架下的局部生成。当然，这些"生成"也是课堂的中心，大框架只是为了保证课堂的方向而已。下面两个案例是我设计的较为典型的现场生成类教学实践，在案例中，增加了教学环节安排的文字说明，试图让大家了解真实情境下现场生成的教学课堂是怎样的一种状况。

案例一　如何写好活动类新闻报道

案例背景

2017年，我代表浙江省参加在四川举行的第七届全国中小学写作高端论坛现场作文教学大赛，获得了大赛第一名的成绩。本次比赛内容由选手自定。来自全国各省市的选手所选取的教学内容五花八门，最多的是与教材同步的写作展示。在比赛前夕，我与肖培东老师有过短暂的交流。他认为，比赛型的课例最好是现场生成并能学以致用。这种意见与我不谋而合，这也正是我近年来一直在思考的问题：课堂不应该只问结果，不问过程，它不只是为完成教学任务而存在，而是一种课堂真实情景的呈现，这种教学意义对于学生来说更具价值。

所以，如何在比赛现场设置一种真实的情境，让学生参与进来并在不知不觉之中完成学习任务，成了我课堂教学选材的首要考虑。

考虑到大型现场可以利用的资源是：有1000个左右的教师，有50个左右的学生，10个评委。如何在这种情况下产生现场的生成资源，我考虑再三，想到每逢大型会议，学校里都要进行相关的新闻报道——这种新闻报道往往没有可读性，那何不在现场让学生进行新闻报道写作，这可是"最为现场"的生成，也是最为真实的情境设计。经过多番考虑，我将课题拟定为"如何写好活动类新闻报道"，除了上述原因外，还有三个原因的考虑：一是符合新课程理念，"新闻媒体的解读与写作"是"跨媒介学习与交流"中的一个重要内容；二是应用文写作具有实用性，而其教学是一个空白点；三是能体现自己真实的写作意图，可以利用现场的素材资源生成作文教学资源。

教学内容确定和学情预估。新闻类写作教学教什么？我觉得无非要教两个内容，一是新闻的基本知识，包括"新闻的时效性、对象性、基本格式"等新闻基本要素；二是新闻报道时的情感融入。前者讲究"准度"，后者讲究"温度"，活动类的新闻报道也不例外。因此，我将教学目标设定为：能完整准确地表达新闻内容，符合新闻报道的基本格式；能在新闻报道中恰当地融入主观情感，使其更具有现实感。前者是新闻的基本要求：准确，这也是本堂课最基本的要求；后者是在"准确"的基础上增加新闻报道的"温度"。两者的关系是基本要求和提升的关系，即在"准确"的基础上要有"温度"。至于怎么教？为了有更好的教学效果，我将教学的推进按照新闻写作的过程分为五步来完成：收集素材—甄别素材—素材加工（写初稿）—丰富内容—写成定稿。

在备课阶段，对于课堂的教学起点和落点，我做了预估：

1.新闻报道的时效性。预估学生对新闻时效性的敏感度应该没有什么问题，因为快节奏的信息获取和新闻时效性的普遍性早已养成了现代人的敏锐度。

2.新闻报道的内容选择性。新闻报道是有对象的，不同的报道对象决定了不同的内容，新闻的这个特质等同于生活中的得体说话，预估是较低的要求。

3.新闻报道的内容呈现。上课的班级是南充市最好学校的高一重点班，学生之前应该有阅读新闻的经验和积累，对新闻报道的内容呈现的基本雏形应该比较了解，因此这不是本节课的难点所在。

4.新闻报道的情感把握。高中学生虽然接触过新闻，但对于新闻写作中如何做到有节制地融入情感，是一个难点，也是本节课的提升点。

我认为在高中的新闻写作教学中，"准度"基本上不会成为问题，应该是这堂课的起点，"温度"是有难度的，但学生必须要达到这一步，这是这堂课的落点。

〔课〕〔堂〕〔实〕〔录〕〔展〕〔示〕

准度、温度：写好"活动类新闻报道"的关键

一、收集素材

师：同学们好，我叫周康平，非常荣幸能与大家一起来上一节课。我来自遥远的江南水乡温州。今天，我和在座的1000多位老师从全国各地来到南充一中参加这样的一次盛会，对此我非常开心自豪。关于这次盛会，你了解多少？

生1：这次盛会在我们学校召开。

师：你知道会议的地点。

生2：我知道会议的时间是4月8号。（生笑）

生3：（生指了指会场的横幅）会议的名称是"第七届全国中小学写作高端论坛现场作文教学大赛"。

生4：好像是一场教研活动，也是一次比赛。

师：同学们很不错，很关心学校的活动。你们都知道了这次会议的时间、地点和主要事件。

教师出示会议内容简介。

【整个舞台就是一个大情境，在上课时，我观察到很多听课老师对我的开场白感觉到迷惑，觉得有点拖沓，实际上，我跟学生的交流都是课堂的教学内容，后面的环节中都会用到。】

二、甄别素材

师：你今天放学回家，如果跟你的父母聊起今天的上课和会议，你会向你的父母介绍什么内容？

（采用小组开火车的方式提问）

生1：我会跟他们说今天我在课堂上学到了很多东西。

生2：我们学校今天相当热闹，有一个高规格的会议在我们学校召开，给我们上课的老师很风趣幽默。

（生3～5都表达了差不多的意思：今天的学校很热闹，上课自己收获很大，教师很风趣）

（提问另一个小组）

师：如果在全校的广播室里向全体师生广播这件事情，你又会介绍哪些内容？

生6：我会介绍今天我学到了很多。

师：你是要向全校学生介绍你学到了很多，是吗？

生6：是的。我会向同学们介绍今天我们遇到了一个很幽默风趣的老师。

师：谢谢你，这么鼓励我。就介绍这些吗？

生6：还可以说一下课堂的气氛。

（台下听课老师表现出惊讶）

【此环节为确定教学的起点。在此环节中，我设计的两个问题：对自己的父母和对全校师生阐述今天的会议内容。初衷是让学生明白在讲述的时候，面对不同的对象，要介绍不同的内容。引出新闻报道中面对不同的受众要报道不同的内容。这对于高一的学生来说，应该不是问题。因为大部分学生在小学六年级就接触过新闻，但事实出乎我的意料，两组学生面对不同的对象介绍的内容是一样的。我试图提醒："你是要向全校学生介绍你学到了很多，是吗？""就介绍这些吗？"但学生仍然没有意识到问题所在。台下的听课老师们也没有想到这个问题会成为问题，表现出惊讶。】

生7：我要介绍这次会议的时间和主要内容，还要介绍活动的一些基本情况。

师：你为什么和前面的同学说得不一样？

生7：我觉得对全校师生来说，需要介绍这些内容。

（走回到生6位置）

师：你觉得她说得对吗？

生6：我错了，她说的是对的，我刚才说的和跟我父母说的一样了，对象变了，介绍的内容应该不一样。

师：很好，同学们想一下，为什么两种介绍会不一样？这两者有何区别？

【生经过启发，终于懂得】教师明确：受众不一样。

（教师板书：素材：对象性、选择性）

三、素材加工——第一次试写

师：同学们试着把刚才说给全校师生的广播新闻稿写下来。

（教师巡视，见同学们都完成得差不多了。）

师：请同桌之间交换互看后再修改自己的新闻稿。修改后推荐同桌的新闻稿,并说出推荐的理由是什么。

【这是第一次试写,是本节课写作的起点。在巡视学生现场写作时,我发现小部分学生对写新闻稿充满了陌生感。比如有个学生在开头写道:"我的心刹那间被提了起来,原来是来自浙江的周老师来到了我的身边。"可见学生仍然停留在散文的表达方式上。我在巡视过程中大致地统计了一下,大概有六位学生存在着这样的问题,可见新闻稿写作格式和语言形式存在的问题还有一定的普遍性。按照原先预设,我应该叫两位同学起来读出自己的习作,然后修改,快速通过这个环节,但我觉得学生并没有像预估的那样基本掌握了新闻写作格式。于是,便临时增加了一个环节,要求同桌之间互换习作,并对照自己的习作进行修改。我这样做是因为课堂上没有时间一一修改每位学生的习作,但必须要兼顾每个学生的进步,而最好的办法就是自我发现,自我修改。通过对照同桌的习作,这六位学生很快发现自己在语言形式上的问题,并作了修改。这个环节虽是临时增加,却是极其重要的,也是必需的。教学的推进不能以牺牲学生的收获来换取漂亮的流畅。】

生1:我推荐我同桌,他的新闻稿写得比较多。

生1拿过同桌的稿件读。新闻稿中用了大量的描述性语言。

师:还需要改进吗?

生1:抒情了点,好像有点不太像新闻稿,像散文。刚才我们在互改的时候,我已经指出这一点了。他已经改了一些,我觉得抒情的地方还是多了一点。

师:你的意思是新闻语言表达方式选择不到位,对吗?

生1表示赞同。

师:继续推荐。

生2:我推荐我同桌,我觉得他写得不错。

生2拿过同桌的稿件读。新闻稿描述事件基本完整。

师:还有需要改进的地方吗?

生2:没有了,我觉得把事情都写到了。

生3在下面插话:我总觉得缺了点什么。

师:你的感觉很敏锐,等下我们再说。

师:还有推荐吗?

生表示:没有了。

师：那好，我来问一下，同学们，你们在写的过程中最为关注的是什么？

生：事件的完整性。

生：准确性。

【从上述分析中，我们不难发现高中新闻教学的起点并没有像我们想象的那样高。高中生对新闻基本常识中的"新闻的对象性""新闻的基本结构"并没有很好地掌握。这种状况说明当下高中生虽然身处信息化时代，被包裹在新闻大海之中，但新闻的基本素养仍然欠缺。高中新闻教学的起点仍然是新闻的基本知识教学，课堂首先要完成新闻报道的"准度"。】

四、丰富广播稿

师：同学们，刚才一位同学提到，这样的新闻稿总觉得有什么问题，她的敏感度非常强。这样的新闻稿看起来，好像没有问题了，但是为什么还是总觉得有问题呢？下面，我为同学们展示一下我写的新闻稿，大家一起来看看，是不是会好一点？

第七届全国中小学写作高端论坛活动在我校成功举行

发布单位：南充高级中学　发布时间：2017-4-8　15:23

4月7日—9日，由中国写作学会主办的第七届全国中小学写作高端论坛活动在我校成功举办。本届论坛主题为"社会观察和准确表达"。

会议共三天，内容丰富，有专家讲座，也有课堂教学展示。其中4月8日下午为高中段课堂教学展示。来自四川的陈彦希老师、浙江的周康平老师、贵州的陈玉荣老师、上海的张君平老师分别开出了"论事说理""活动类新闻报道写作""善于思辨，学习辩证分析""从感性到理性"的研讨课。

来自全国各地的与会老师纷纷表示，收获颇多。

师：同学们，先跟我一起看一下，如果从准确度来看，这则新闻怎么样？

学生表示"准度"基本上没有问题。

师：那同学们再看看自己写的新闻稿在准确度方面还需要哪些改进。

生修改自己的新闻稿，教师巡视。

【此环节完成了新闻报道的第一步工作：新闻报道讲究准确。】

师：同学们，这样的新闻稿，你们爱看吗？

【开始提升。】

一石激起千层浪，很多学生纷纷表示，除了要了解这件事情的受众之外，没有多少人会愿意去关注这样的新闻稿。（过程略）

师：那这里面到底缺少了什么东西，以致出现了这样的结果？

生：这样的新闻稿冷冰冰的，没有人情味。

师：缺少温度，是吧？（教师板书：温度）

生：没有细节，不丰满。

生：千篇一律。

……

师：那你们觉得在哪里可以加上一些细节，让这则新闻变得有温度呢？

生：我觉得在第一段的报道中，可以加进一点对学校的介绍。

生：在第二段中，我觉得可以对上课老师做适当的介绍。

生：对，我觉得甚至可以写一下听课老师。

生：还可以写这次会议的意义。

【教学至此，新闻的"温度"教学水到渠成。】

师：告诉大家一个写好新闻稿的小秘密。

出示幻灯片：任何新闻稿都讲究准确，讲究准确并不代表着新闻没有主观性，恰恰相反，新闻当然是有主观情感的，情感使得新闻有了温度，不过，一个高明的新闻写作者能把自己的主观情感融入其中，而不让人察觉。

最好的新闻是：客观性和主观性完美结合。

师：大家一起来讨论一下，这则新闻哪里可以丰富起来？让它变得有温度。

（生讨论）

五、丰富修改——第二次试写

出示要求：

> 加点温度，体现作为南中人的骄傲
>
> 加点温度，体现上课老师的风采
>
> 加点温度，体现与会老师的风貌
>
> 加点温度，体现本次会议的意义

【从课堂现场反应来看，这个设计大大激发了学生的兴趣，收到了很好的效

果。在展示环节中，学生们精彩的写作赢得了与会老师的阵阵掌声。】

（学生分小组进行展示）

生：我选择的是对上课老师和听课老师的描绘。

来自四川的陈彦希老师、浙江的周康平老师、贵州的陈玉荣老师、上海的张君平老师分别开出了"论事说理""活动类新闻报道写作""善于思辨，学习辩证分析""从感性到理性"的研讨课。各位老师都展示了自己的教学特点和风采，深受同学们的好评。尤其是来自浙江的周康平老师，幽默风趣，与学生融洽，收到了很好的效果。

来自全国各地的1000多名教师，他们不远千里汇聚南充高中，他们认真倾听，勤做笔记，心情不时随课堂起伏而起伏，亮亮的眼睛里充满了对知识的渴望，很好地展现了当代教师的风采。

（教师们掌声雷动，并伴随笑声）

师：谢谢你对我的肯定。还有对听课老师们的准确、细致和恰如其分的评价。让我们再一次把掌声送给他们，在他们的身上，我们看到了中国教育的明天。

生：我选择的是对南充高中的描绘。老师我只读我自己扩充的这一段吧！

4月7日—9日，由中国写作学会主办的第七届全国中小学写作高端论坛活动在我校成功举办。据悉，我校地处中国西南，是西南地区的百年老校，因其教学质量之高，校园之优美，吸引了很多高端的教研会议在此举办。

（听课教师又是一阵掌声）

师：南充高中真好！不过似乎有点……

生：太会吹了。（笑声）

【现场氛围非常好，尤其是听到对听课老师的描绘，听课教师们都会心一笑，报以热烈的掌声。这种氛围就是我大力提倡的情境场。学生在不自觉中，与周围的环境，与教学的任务融为一体。课堂真正展现出了教学资源现场生成的教学特点。但课堂上又出现另一种情况，学生为了融进自己的情感，主观性表现得过于强烈（如第一段摘录）。】

师：新闻有"温度"是对的，但有"温度"不是"热度"，"温度"要有一定的限度，主观性不能太突出。

教师出示普利策的一段话：

"任何新闻稿都讲究准确，但讲究准确并不代表着新闻没有主观性，恰恰相反，新闻当然是有主观情感的，情感使得新闻有了温度，不过，一个高明的新闻写作者能把自己的主观情感融入字里行间，而不让人察觉。"

师：谁继续来展示，谁来展示一下本次会议意义的改写？

生：老师，我来吧！

师：好的，也让你做一个总结。

生：据悉，本次会议吸引了全国各地教师1000多人，大会对作文教学的深入探讨，必将推动南充高中的教学，乃至对全国各地的作文教学产生很好的影响。与会老师一致表示，希望这样的会议今后多多举办，这将对促进教师们教学水平的提高起到巨大的作用。

【比较学生的第一次试写，经过第二次试写以后的新闻报道质量明显提高，已经符合新闻报道写作的要求。课后，我归纳了一下原因：一是贴近学生，比如体现南高人的骄傲，南高就是他们生活的地方，学生愿写；二是有趣，比如要求学生拟写上课老师的风采，学生兴致很高；三是有现场感，写与会老师的风貌，写本次会议的意义，均来自现场，生成于现场。本环节给我的启发是新闻教学的落点完全可以达到一定的教学高度，写出有"温度"的新闻报道是切实可行的，也吻合了课前我的预估。】

六、总结活动类新闻写作的步骤和注意点

师：现在我们来总结一下，谁来说一下，根据我们这节课的教学内容，你觉得写活动类的新闻要注意什么问题？

生：新闻报道的表达要注意两个方面：准度和温度。

生：新闻报道要注意客观，不可以太主观。

师：同学们，本来这堂课还有一个环节，那就是要求同学们重新审视自己写的初稿，因为时间有限，我没有要求当堂修改，你们回去以后作为作业，对自己的初稿进行修改。课代表把写好的稿件择优送给校办公室，供办公室选用。这样校办主任就不用再写新闻稿件了，他一定会奖赏你们的。

【学以致用，学生们在课堂上学的，就是生活中在运用的，这是最好的情境，不，是真实的生活。】

师总结：大到一个社会，小到一个班级，学会准确描绘，有温度地展现社会现象的写作技巧是我们将来必备的技能。从今年下半年开始，全国就要进入新课改时代了，我们的教材全部都要变了，新教材分为18个任务群。其中就有一个任务群是跨媒介阅读与交流，它特别关注新闻写作素养。其实，在我们的生活中，这种新闻写作素养已经跟大众密不可分了。

出示幻灯片：谁掌握了媒体，谁就掌握了世界。

【当然，这堂课还有不足之处，比如优秀的新闻远远不止这些要求，课堂完全可以再推进一步，在揭示新闻"为谁服务"的本质方面，我们完全还可以走得更远一些。点评嘉宾余绪党老师也提道："根据学生的表现，学生完全可以再深一步，课堂在某种意义上来说，还是有点浅。"我深以为然，但碍于时间关系，我只是在最后象征性地提到"媒体的立场"问题，留待学生做更好的思考。】

案例二　学会采访和调查

案例背景

2019年，新课程正式全面实施，温州也启动了新课程全员培训。在"新课程培训要求"的调查反馈中，老师们都提到第四单元的"家乡生活和文化"因为没有课文，所以很难去把握这种实践活动的教学，要求我们教研院给予实例的示范。为此，我们组织了一次教研活动。我自己承担了其中的一节课。该单元的社会实践活动为"学会采访和调查"，围绕着这个点，我设计了"学会采访和调查"一课。在设计的时候，我首先考虑的是，该设计必须在上完课后要有显性化的教学效果，即在课堂后学生要对采访的基本步骤、调查的注意事项都有进一步的了解，并能将其运用于实践。为了达到这种效果，上课时必须要求学生全身心地投入，为了学生全身心地投入，在情境设计上，必须要能激发学生真实体验，故而，真实的情境设计是最重要的教学处理环节。

备课时，我首先想到的是，采访和调查的具体实践缺少真实的采访对象（这也是课堂教学的短处，因为一般的课堂教学不可能在教室之外进行），但有一个常常被我们忽略的事实：现场的教师就是最好的采访和调查对象（教师、家长、校长等角色都能在会场中找到，这种采访对象的真实性会促进课堂的教学效果）。于是，我便围绕着这个定位展开了我的教学设想。教学内容则是思考什么话题会是学生与听课教师的共同感兴趣的话题。我想到了学生高三假期补课问题，这个话题既是学生关心的问题，也是教师关心的问题，而且这个话题也涉及家长，而教师、家长都是现场资源,这样一来,现场资源的生成就有了必备条件。据课后很多教师反映,该课最大亮点就是,现场包括听课老师等所有人都是课堂的中心,是课堂教学的资源,文本被扩大到"听众"。这正是我所提倡的课堂本身就是一个产生课堂教学资源的生动案例实证。

⓪⓪⓪⓪⓪⓪

学会采访和调查

一、导入

师:很高兴能跟苍南中学的同学们一起来上一节课,我们先相互认识一下,我叫周康平,来自温州市教育教学研究院。哪一位同学来说说我的单位是干什么的?

生:是大学的一个研究部门?

生:是一所学校。(大家笑)

生:是教育局。

师:有点说对了,不过我们是教育局的一个下属科室。问一下同学们,你们觉得教育局跟你们有什么关系吗?

生大声:举报补课的。(生哄堂大笑,纷纷表示赞同,有调皮劲)

【聊单位就是为了引出补课的话题,所有的导入情境设计都是有目的的。】

师:我给大家讲一件事吧,每逢国庆期间,教育局都要安排一个人值班,负责接电话,以起到上通下达的作用。这个国庆,我被安排值班。在这一天里,白天倒没什么事情,晚上九点以后,电话就多起来了,你们知道都是什么电话吗?

生:都是接举报补课的电话。(笑)

师:为什么九点后?

生:晚自修结束了。(笑)

师:是啊!一接电话,一开口就是:我举报,我举报……

师:同学们说说,你觉得他们举报的理由会是什么?

生:假期禁止补课。

生:没钱补课。

生:还没玩够。

生：我很累，学习压力很大。

生：家长想补，我不想补。

师：是啊！理由可多了。有些比较奇葩，说自己作业还没做好，说自己听见补课就头晕等等……

二、第一次调查——基于初步采访的结论

师：关于补课的事情，你怎么看？请说实话。

（教师引导，请一小组的人员来回答）

【引出采访。】

生：我觉得我比较赞同他们的意见，假期时学生不能补课。

生：我也觉得假期应该是我们学生的，不能用来补课。

生：虽然老师为我们好，但我还是持反对意见。

生：补吧！

师：我听出来了，"吧！"无奈的情绪都出来了。（生笑）

生：我也不想补课，肯定很不爽，我要举报。（生笑）

师总结：根据同学的回答，我们会得到什么结论？我们已经很清楚地看到了，大部分同学持反对意见。今天的课堂调查后，我就在报刊上发表一篇《学生强烈反对，学校依然固执如初——关于苍南中学补课的调查报告》，你觉得我这篇调查报告有没有问题？如果有问题，你觉得哪里有问题？

生：这样的结论有点草率。

师：怎么说？

【采访的弊端已经呈现，一切课堂的推进都是在不知不觉中产生，这就是真实情境的推动作用。】

生：老师只是采访了四位同学，就得出这样的结论，我觉得不对。

师：这是调查中的什么问题所导致的？

生：采访对象太少了，我们要多采访一些人。

（教师板书：采访对象过窄）

师：现在我们明白了，如今很多媒体曝光出来的问题跟很多事实相差甚远。可见在采访和调查的过程中，一定是在某个环节出了问题。今天的课我们就去深入探讨一下。

三、第二次调查——基于模拟采访的结论

师：新教材第四单元，要求开展一段社会实践活动或是一次有意义的调查。现在，你和几个同学对于"假期高三补课"这个话题很感兴趣，你们组建了一个调查小组。前后桌四人一组，准备对"假期高三补课"展开调查。

【课是有依据的，源自生活，真实情境。】

师：组成调查团之后，你觉得调查工作应该怎么开展？

生：准备采访问题。

生：人员分工。

生：确定采访对象。

师：排序一下。

生：组建队伍—分工—选定采访对象—明确采访的问题。

（板书：小组分工　采访对象　提问拟定）

师：为了让大家的采访更加有目的性，我给大家提供这张表格，供你们在讨论的时候更加有针对性。

采访提纲	
采访目的	
采访时间	
采访地点	
采访对象	
采访问题	对象A问题…… 对象B问题…… 对象C问题…… （诸如此类）

师：这次采访目的主要是要了解大家对高三补课的态度，时间和地点就是当下的苍南中学。那么我们要采访谁，选择哪些对象？

生：高三学生，他们是当事人。

生：高三老师。

生：高三家长。

生：校长。

师：确定采访对象后，我们需要准备采访问题。提问是很有讲究的，采访不同的人，问法是不一样的。学生这一头我们就不采访了，你们的态度在前面已经清晰了。我们模拟采访高三老师、家长、校长。请小组分配好角色，设计好采访问题。问题不要太多，最好不超过三个。最后给大家展示。

【渐入高潮，采访的要素基本上讲述完毕。】

小组讨论5分钟。

模拟采访（小组展示）

生：我们小组设计了对高三家长的采访。

生1：你的孩子成绩怎么样？

生2：成绩挺好，随我。

生1：进入高三后，你对高三补课是怎么看的？

生2：我认为高三补课是有必要的。

生1：我们对换一下，采访。（学生角色互换）你的孩子补课效果怎么样？

生2：效果不大。（生笑）

生1：你家的孩子成绩怎么样？

生2：成绩很差。

生1：你的孩子对高三补课是什么感觉？

生2：孩子很抵触，经常抱怨。

生1：孩子补课后有没有什么变化？

生2：沉默，还是沉默。（生笑）

师：这是每个高三家长都可能会遇到的问题。请问，这一小组的调查是成功的吗？（生默认）

师：现在提问一下采访者。你是怎么设计你的采访问题的，几个问题之间有没有逻辑性？

生：我们小组的讨论方向是，不同成绩的学生家长可能对补课的态度是不一样的。

师：在采访之前要有预估，所以你们设计了不同的方案。

生：是的，我们认为不同层次的孩子对于补课的意见有可能是不同的。一般来说，成绩好的学生为了考一个好大学，他们是愿意补课的；成绩弱一些的学生可能就不那么愿意花时间在补课上了。

师：那么，你采访后的结论与你之前的心理预估是一样的吗？

生：差不多。

师：也就是说在采访过程中你得到了你想要的答案。

生：不一定，也可能存在个例。

师：我注意这几位同学的采访，在采访前有一个心理预估的过程，而且在采访后似乎得到了他们所想要的结果。那么，在实际的采访中，预设会不会干预采访的结论呢？为了让同学们得到更为真实的结论，我们不能停留在模拟采访上，要实战采访。

【模拟采访是最常规的课堂设计，为了展示教学效果，教师都会在课堂中设置此环节。此环节能展示学生对采访的理解，但是这个环节存在着一个很大的弊端，那就是采访的预设性。在我的引导中大家可以看到，学生的采访往往带有预设性，也就是说模拟采访实际上是有问题的，是一种看起来"很真实"，但实际上具有"强烈主观性"的"伪教学"。所以本环节之后，为了让学生得到相对真实的结论，设计进行了第三次调查。】

四、第三次调查——基于实战的结论

师：今天我们有机会做实战采访，因为现场就有符合要求的采访对象。听课人员中有多位高三老师，其中身兼高三学生家长的也有，你看，那位穿红衣服的就是校长。

实战采访一：采访高三老师

师：你们小组得到了一个机会，我帮你找一个帅气的老师采访一下。（一位男老师接受采访）

生：您对高三补课是什么看法？

被采访高三老师：我觉得高三补课十分必要。因为在这样一个阶段，同学们马上面临高考，需要进行冲刺训练。再说家长的意愿也十分迫切，在家里可能会偷懒浪费时间，在学校里学习气氛相对会好很多，所以补课还是十分有必要的。

生：那您平时工作累吗？补课不是延长了工作时间吗？（生笑）

被采访高三老师：的确挺累的，但是想到我们的学生，我们也愿意付出更多。（生大笑，鼓掌）

生：那您觉得补课是否对学生有较大的帮助？

被采访高三老师：从往届的效果来看多多少少还是有好处的，但这个好处不同个体是不一样的。有些学生在学习的过程当中，学到了各种知识，可能收获较多；有一些学生在学习过程中因为各种各样的原因收效会少一点，但从整体上说，好处还是比较明显的。

生：谢谢您！

师：这是一次真实的采访，说的都是真话啊！

实战采访二：采访高三家长

师：在座的老师有没有身兼高三家长的？举个手。（一位高三家长举手）

学生采访

生：请问您的孩子平时住校吗？

高三家长：是的。

生：请问您孩子放假的时间和次数是多少？

高三家长：暑假基本上没什么时间在家里，国庆节大概放三天假。平时大部分时间都在学校里。

生：那您孩子的补课效果怎样？

高三家长：大家都在补，看不出来，从众吧。不过有一点，不补，我们总觉得心里不踏实。还有什么想问的？

生：没有了，谢谢！

高三家长：不，我还要补充一点。（生笑）如果可以的话，我希望大家都不补。（生鼓掌）

师：有没有发现这个同学特别善于提问，问出了意外之惊喜。

实战采访三：采访校长

师：谁来采访一下校长？我请帅气的校长接受大家的采访。（一生站起）

生：校长您好，作为补课的主导者，您补课的目的是什么？

校长：关于补课这个问题呢，作为校长也很痛苦。其实，我们的压力也很大。压力来自两个方面，一个方面来自上级对学校的考核要求，学校成绩作为考核标准中的重要因素，能够影响学校深层次的发展，比如招生、资金来源。另一方面是"剧场效应"。别的学校都在补，家长会质问我们你们学校为什么不补。就好像剧场里，前面的人站起，那后面的人肯定也要站起来看，最后的人肯定要站在凳子上看。所以我们也很无奈，就像前面那位家长说的，我也希望大家都不补。我希望在假期，同学们能够有想法地、有目标地、有措施地进行一些良好的社会实践活动。

生：通过校长的回答，我感到校长的压力确实非常大。（生笑）但是，校长，您是否设身处地为学生、为家长、为老师考虑过压力呢？

校长：其实，压力最大的是校长，最不想补课的就是我们。你们都知道，万一出了什么事情，校长首先要被问责，但我们为什么还是要去做这件事情呢！我记得衡水中学有着一句口号："刻苦而不痛苦。"如果面临高考这个目标，你有方向、有目标，国庆节、劳动节再补一半时间的课，我相信高三学生不会感到痛苦。

生：好。谢谢校长。

师：经过这样的真枪实战，我们采访了三类人，分别是高三老师、高三家长、学校校长。那么你们现在的调查结论是什么？跟前面是不是有变化？

生：补课对学生、学校都有一定的益处，但是学校和学生的态度很明确，他们不想补，但是不得不补。（生大笑，鼓掌）

师：现在的调查结果是补课是有好处的，校长支持，老师支持，家长也支持，学生觉得也可以接受，但从内心来讲，他们都是不想补的。所以第二天我又写了一篇文章，你们觉得我会写一个什么题目？

生：《震惊，高三学生都想补课》。

师：这是以谁的口吻去写的？高三学长们竟然都想补课。

【相对而言，我们在现场得到的结论比模拟采访要可靠，从现场的采访调查来看，学生采访到的结论跟他们的预估有出入。此环节不但得到了不一样的结论，更重要的是在这种采访过程中，学生明白了真实采访调查的一些重要的要素。】

五、第四次调查——基于更加细分的调查结论

师：采访到这一步，同学们可能觉得调查到此结束了。我也曾经做过一个调查，这个调查是真实的。我们一起看一下。（PPT呈现部分调查结果）

---

1. 你对"高三假期补课"的态度（重点学校学生做）
A.渴望补课　B.内心不愿意，但没办法　C.不愿意　D.无所谓　E.补，肯定补
　78%　　　　　12%　　　　　　　　　　　　2%　　　　2%　　　　6%

2. 你对"高三假期补课"的态度（普通学校学生做）

> A.渴望补课　B.内心不愿意,但没办法　C.不愿意　D.无所谓　E.补,肯定补
> 12%　　　　71%　　　　　　　　　　　16.8%　　0.2%　　0%
> (重点学校校长)校长的态度——
> 100%最不想补课的人,第一责任人,可是还是要补……
> (普通学校校长)校长的态度——
> 60%最不想补课的人,第一责任人,可是还是要补……
> 35%不想补,学生老举报,责任大……
> 5%想补,可是……

师:我采用了两种调查方式,一是问卷调查,一是人物访谈。我们分别采访了重点学校和普通学校的校长,最后发现这个结论是不一样的。重点学校的校长是"最不想补课"的人,因为他们是补课的第一责任人,出了事情要承担责任。普通学校的校长就不一样了,60%的人选择了"最不想补课的人",35%的人说"我们不想补,学生老举报",5%的校长选择了"想补,可是……"。同时,我们也分别对重点中学和普通中学的学生做了问卷。重点中学78%的学生填了"渴望补课",普通学校的学生却无人有"补,肯定补"的意愿。

师:根据上面的调查数据,请说说我做的调查与你们做的调查有什么不同。

生:有些结论出乎意料,跟我的想法有区别。

【提供更加细致的采访调查,是采访调查的一个升级版。】

师:所以我们不能带着主观情绪去采访。(板书:带着情绪去采访)

生:老师还做了调查问卷,我们只做了采访。(板书:访谈方式单调)

生:调查的对象很全面,分重点学校和普通学校两类。(板书:对象的全面性)

师:从可信度的角度来说,我做的调查可信度要好一些。因为你们只采访了几个人,而我的调查采取了多种多样方式,调查的对象面尽可能地广一些。(板书:方式的多样化)

师:从我的调查中你能得出什么结论?你有什么疑问?

生:重点中学大部分学生渴望补课,但校长却不愿意补课。

生:重点中学学生和普通中学学生对补课态度不同。

师:面对补课,他们的差别为什么会这么大?随着调查的深入,我们发现值得思考的问题越来越多——这就是调查的魅力。

【告诉学生如何改善肤浅的调查方法,至此,调查过程水到渠成。】

六、写成调查报告(补充题目)

师:到了这一步,我们应该有结果了,现在我准备了四个不完整的题目。假如,你要完成这次调查报告,你觉得哪个标题适用?请你挑选其中的一个题目补写完整。

```
(1)_____
      ——关于假期高三补课的调查报告
(2)那群人·那些事
      _____
(3)补课:_____
(4)_____
```

生拟写标题或副标题,时间一分钟左右。

【从理论到实践,限于时间,采用了补充题目的方式。】

生:我的题目是《愿意?不愿意?——关于假期高三补课的调查报告》。

师:紧扣主题,目标明确,态度还有待明确,需要结合文章内容。

生:《补课:一种由竞争引起的现象》。

生:《补课,谁的错?》(生笑)。

师:这个问题值得深入探究,不错。

生:《补课:教育上的两极分化》。

师:从组建团队到采访,同学们一路过关斩将,现在开始拟写真正的调查报告,这是同学们必须掌握的一种能力——学会采访和写调查。限于时间,同学们课后完成下面的调查报告。

调查报告

标　题	
摘　要	略
目　录	略
调查背景	
调查方法	

续表

调查过程	
结　论	
建　议	
参考资料	略

【呈现整个调查报告全貌。】

七、调查的调查

师：到此为止，我们已经思考到教育背后的问题，比较深入了。这次调查是不是真正结束了？其实，我们还可以往前再走一步。我想问同学们一个问题：谁是补课最大的受益者？（生讨论，师总结）

师：首先我想到的是学生。但作为最大受益者的学生为什么不愿意补课？奇怪！今年暑假全省取消了补课，在学校门口哭得最凶的却是家长。他们不愿意孩子受苦却为什么又要哭呢？奇怪！校长说补课责任很大，为什么又要补呢？奇怪！后来还有人向我透露了一个秘密：举报人不一定是真的想举报，有学生举报别人的学校。（生笑）也有人告诉我，是外面的辅导机构托学生来举报，说是举报成功了，就免费学几门课。现在辅导机构的生意可好了，有人甚至写了文章《利益驱使下的辅导机构的非常规动作》。

师：我听了之后，觉得毛骨悚然，我们发现有那么多不是在表面可以看到的现象。小小的一件事情——关于高三假期补课，随着我们调查的深入，慢慢浮现出更多被掩盖的真相。所以有人说，调查越深入，你离事物的真相和本质就越接近，在这个过程中你会体会到一种"快感"，这就是做调查记者最大的魅力。可惜，中国的调查记者人数急剧减少，他们说这是中国当代最危险的职业之一。但是，还是有很多调查记者冒着生命危险去做这个事情，值得我们敬佩。

师：最后，我想借用一句话："我们对于一件事情知道得越少，就越容易形成判断，而且是越容易形成强烈的单纯判断。"原话是正面的，我试图从反面来理解。对于事情的调查，最大的原则应该是知道得越多越好。因为你会分析得更加客观，也许得到的答案更接近事情的本质。（生鼓掌）（板书：态度的客观性）

师：这就是我给大家上的调查采访第一课。谢谢大家，下课！

【调查永无止境，在调查的背后，有许多学生无法触及的东西，这些不需要学生掌握，但是思考这些，会让学生的思想再上一层台阶，想到更多。这是我上课的一个理念：一堂课不仅仅只是为了传授知识，它更有责任传达一种价值观。】

八、板书

```
                        采访与调查

   流程：              原则：                忌讳：
   小组分工            调查对象全面性        采访对象不全
   采访对象            调查方式多样化        访谈方式单调
   提问拟定            采访态度客观性        带情绪去采访
```

第二章　让教学立足学情

第一节　起点和落点：真实课堂必须关注的两极

在以往的课堂中，教师对课堂教学内容的选择具有相对的自主性，所以教师对教学内容的确定几乎具有决定性作用。一般来说，教师教什么，学生就学什么，教师教到什么程度，学生就会学到什么程度。同样的《老王》，在初高中都有被选到教材中，可实际上，初中老师和高中老师对教学内容的选定基本上没有区别，高中的语文课堂教学并没有体现出高中的"高"来。孙绍振老师说：很多教师都在教一望便知的东西。这种状况在高中确实较为普遍。为了避免这种状况，在新教材中，教材编写者提供了一条可以选择教学内容的路径。编写者在单元导语、学习提示和单元学习任务中提供了教学的方向，也就是说，教师在教学之前，只需要对这三个方面进行研习就可以确定教学内容。这在理论上避免了教学内容的不确定性，也为教学内容的起点做了大概的确定，这对于教学是一个很大的推进。

但在实际教学中是不是教学内容就真的没有问题了呢？事实上，教学内容还是屡屡出问题，因为除了文本本身在单元中需要承担的任务之外，还涉及学情对教学的影响。我觉得教师在教学起点的确定上还要根据实际情况做出改变，不然，课堂效率会特别低下。下面我以《外国小说欣赏》中的日本小说《清兵卫与葫芦》为例来探讨这一问题。

一、教学起点的确定

在《清兵卫与葫芦》中，教师是这样预估的：学生基础——学生有接触过小说，但对外国小说中的"摇摆"不太了解（这也是单元的要求），所以"摇摆"的情节特点必须讲；小说的主题——对天赋和自由天性的扼杀，但个性解放总会找到新的突破口，这个主题，学生要经过引导方能明白。最后确定教学设计要围绕这

两个问题展开。我们来看一个常见的基于此而生发的教例:

教例(一)

一、导入。简介作者。(3分钟)
二、概括主要情节(2分钟)
　　师:本文主要说了什么事?
三、概括人物形象,理解主题(25分钟)
　　师:清兵卫是一个什么样的人?为什么他的爱好会遭到扼杀,他的失败说明了什么?
　　(明确主题:大人对孩子天赋的扼杀,个性总能找到新的突破口)
四、了解小说的情节特点(10分钟)
　　师:为什么要穿插客人来访的事情呢?
　　(明确一点:摇摆,让故事更加摇曳多姿)

要达成的目标是四个:①情节概括;②人物形象;③主题理解(教学参考书中的解读定位);④情节特点。这样的教学定位和教学设计是较为普遍的,据我调查研究,接近90%的课都是这样来定位的。

教师的判断是否符合学生的真实情况,现在我们通过我的一个起点预判实录和分析来做一个判断,来看一下教例(一)的预判是否恰当。

教例(二)教学片段一(上课时间:10:00—10:08)

课堂实录	分析
师:同学们,先看一下作者介绍,你都了解到了什么内容? 生:作者是日本人,提倡个性解放。 师:同学们都预习了文章,那么你们说说,这篇文章想要告诉我们什么?① 生1:不要小瞧了孩子,孩子在很多时候比大人厉害。② 生2:我觉得是大人按照自己的意愿扼杀了孩子的兴趣。③ 师:兴趣?④ 生2:是天赋。是大人按照自己的意愿扼杀了孩子的天赋。⑤ 师:你们都同意吗?⑥	①教学预估提问。了解学生对主题的理解到达何种程度。 ②对文本还只是一种初步的感觉。 ③这位学生对文本的感觉已经有点接近小说常见的主题。 ④教师这样问的目的在于查实学生是否真的理解了清兵卫所代表的符号意义。 ⑤天赋和兴趣是两个不同的概念,教师就凭这学生对这两个词的改动,大致可以预测到该生已经触摸到清兵卫的悲剧意义了。 ⑥教师提这个问题的目的在于预估这种理解是不是具有普遍性。

课堂实录	分 析
生齐声：对。⑦ 师：就这些吗？⑧ 生沉默。 师：那为了表现这个主题，作者在写作上是不是有什么特点？比如情节的安排方面。⑨ 生3：情节比较简单。 生4：故事情节比较完整，是按照故事的发生、发展、高潮和结局来安排的。⑩	⑦学生齐声回答，表明大部分学生已经了解了这样的主题。 ⑧了解学生对主题的理解是不是还有新的角度和更深的层次。 ⑨目的是看学生是否对情节特点——"摇摆"概念有所了解。 ⑩从学生的回答来看，学生并没有提早预习专题后面的内容，对于"摇摆"的情节特点也不太了解。

对照我的课堂实录，大家可以发现，学生只要初读课本就已经了解了参考书中要求学生达到的对主题的理解——大人按照自己的意愿扼杀了孩子的兴趣。

如此一来，我们就可以判断，教例（一）的课堂中的前三步（30分钟教学时间）都是低效的甚至可能是没有意义的，是在教"学生已知的东西"。

至于第四步对"摇摆"情节特点的了解，我们通过师生问答可以了解到学生没有了解的经验知识基础。通过这样的分析，我们可以判断教例（一）唯一有效的教学起点是"教师通过教学引导学生了解'摇摆'的情节特点"。

那么我们怎么去找到另外的教学起点呢？我的设想是：

1.基于小说主题的多元性，在主题的教学上是否可以进一步深入？让学生在原有的基础上有新的解读或深化认识。

2.基于小说教学价值的丰富性，我们是否可以在别的知识点上（比如小说的语言）找到新的教学点？让学生可以发现另一个学习点。

为了确定教学起点，可以看一看我的课堂发展和实录分析：

教例(二)教学片段二(上课时间:10:09—10:11)

课堂实录	分　析
师:读完后,有没有读不懂的地方?① 生5:我总觉这篇文章也有对老师的批判。 生6:我总觉得老师到清兵卫家里后,他妈妈吓得面如死灰,有点不可理解。② 师:还有吗? 生:他爸爸和客人谈话的几个段落好像有点多余。 生7:我也觉得这几段有点问题。②	①教师有此一问的目的是了解学生在阅读方面,除了教师的预估问题外是不是还有值得研讨的问题。 ②学生的疑问之处就是预判教学起点的关键之处。

在教师和学生的交流中,我们了解到学生对"喜欢武士道的教员"的描写和"客人来访"的小节表示不理解和疑惑,基本上可以确定该堂课可以在主题方面进行深化教学。

这个开头花了11分钟,但我觉得值得,现在我们来比较一下教例(一)和教例(二)的教学起点确定路径及其分析。

教例	教学起点确定方式	教学起点预判	教学起点的内容确定	与结果的切合度	预估效果分析
教例(一)	备课预估	学生对于情节的特点"摇摆"不了解。	学生对于情节的特点"摇摆"不了解。	一致。	预估正确。
		学生对主题(参考书的主题)不理解。	学生对主题不理解。	不一致。	预估过低。
教例(二)	课始提问	学生对于情节的特点"摇摆"不了解。	学生对于情节的特点"摇摆"不了解。	一致。	预估正确。
		对主题能理解到何种层次不敢确定。	学生对主题已能基本理解,需要深化主题教学。	一致。	预估正确。
		学生是否有新的疑问。	融合成新的教学点。		没有预估到。

二、教学的落点

如果说教学起点是教学目标的指向,那么落点就是教学目标的达成。一般来说,教学目标的达成需要教师做精心的预设,但由于学生个体的差异性,不同学生的知识水平不一样,会存在着差别。再加上在实际教学中会有外界因素影响和干扰,预设的教学落点也会有一定的偏差。如果预设的教学落点超出学生的接受能力,实际的教学落点就要降低要求,如果预设的教学落点不能满足学生的需求和学生的接受能力,实际的教学落点就要做出相应的变化和调整,体现出"这一班"的特点。这种变化与调整是"以学定教"的集中体现,这才是真课堂,是有效的课堂。

下面我以《清兵卫与葫芦》在两个不同班级中的不同处理为例来说明教学落点的变化和达成。

教例(二)高二(7)班 教学片段三

> (紧接教学片段二)
> 师:哪个问题需要老师带领大家一起解决?
> 生:客人来的部分好理解,就是想要表达……(此处略)
> (从学生的分析中,学生确实是理解了。)
> 师:同学们,清兵卫的妈妈被吓得面如死灰色,确实有点让人想不通。现在大家打开书仔细读读相关的段落,思考一下,清兵卫的妈妈为什么有这样的表现?
> (清兵卫妈妈的反常表现是表现"反武士道专制"主题的理解切口。)
> 生默读。
> 生:他妈妈感觉到这件事情可能很严重。
> 部分学生表示不同意。嘀咕:这反应也太过分了。
> 师:在平常,老师到你们家去家访,在什么情况下,你妈妈会面如死灰色?
> 生笑,认为这不可能。在教师的提醒下,学生似乎有醒悟。
> 生:是教员。一定是这个教员的原因。
> 师:仔细读读有关文字,你们发现了什么?
> 生:这个教员特别爱好武士道,是不是跟这个有关?
> 生:……
> 师出示幻灯简介"武士道"。
> 学生明白了本文的一个新主题:强大的专制力量对个体生命的压制,这不仅仅只是一个个体悲剧,更是社会悲剧。

续表

师：这样的主题是同学们讨论出来的结果，但我有一事不明白，里面他妈妈的出现完全是不必要的，还有教员没有发现葫芦的情节也是多余的。去掉这些情节也可以反映这样的主题，为什么还要放进这样的情节呢？ （引出"摇摆"的情节作用）（略）

教例（二）高二（8）班　教学片段四

（紧接教学片段二）
师：你们觉得哪一个好理解一点，哪个问题需要老师带领大家一起解决？
生：我觉得客人来访的这个章节值得研究。他里面提到的马琴是不是有特殊意义？
很多学生表示有同感。
师：这个马琴是真有其人，打个比方，这个人在当时相当于民国时期的鲁迅。
生：马琴是个作家？
师：想到了什么？
生纷纷相互讨论。
生：世人的眼光标准，还是以某些名人为标准的。
生：如果马琴是个葫芦鉴赏家，那大家以他为标准，还说得过去。可见，清兵卫的爸爸和来访的客人并非真正懂葫芦的人，这样更增加我们对清兵卫的同情。
师：对美的追求是那样的困难，在这样的氛围中，我们是不是同清兵卫一样感觉到了孤独？
师总结：清兵卫与常人的矛盾冲突，是美和自然在恶俗的时代氛围中处境艰难、倍感孤立的现状，体现了作者的忧思。
师：在这个章节的描述中，你是否还能读出新的东西？
生：我还读出了隐含在文章中的一种痛：他爸爸根本不知道自己是在害孩子，他的伤害是无意识的。（学生们表示惊叹有这样的解读）
师：真棒！很多家长对孩子的伤害往往是以"爱"的名义进行的。现实生活中有这样的例子吗？
（文章的另一主题解读，联系实际）
……
师：小说在这个部分，展示了一对非常重要的矛盾冲突，是什么？这矛盾又分哪几层？
（引出"摇摆"的情节作用）研析"摇摆"情节在本节中的展现。（略）

综上所述，我有两点想法：

一、教学落点在不同课堂中显然会因为不同班级而有区别。在以往的教学中，我们在课前备好的教学内容，同一个老师在不同的班级授课，内容是一样的，是没有区别的。造成这种状况的原因是教师在确定教学起点和落点方面没有"考虑到'这一班'的特殊性"。在教例(二)中,之所以会有(7)班和(8)班的不同教学落点,是因为我们在课堂教学刚开始的时间段内校正了教学起点,所以,最后的教学落点有了变化(当然这种变化是在科学范围之内的)。

二、这种不同的教学落点是不是常态?是不是每节课都是这样?教师在备课中是不是都要预估到?显然,回答好这几个问题对于我们很重要。我觉得,不同的教学落点要通过课前或课始的教学起点的调研来确定。教学起点接近,教学落点也接近,当然在落实教学落点之时可能还会出现不同的层次区别,这都是正常的。这对我们教师的备课提出了更高的要求,要求我们具备完全不同于以往备课的思维,教师要关注各种教学起点的可能,并做好可能会有各种落点变化的准备。很显然,如果这样做,教师备课就得更加深入,更要考虑到学生的基础、表现和文本本身的情况。我觉得也只有这样,才能更加贴近高中教学现实,有更好的教学效果。

第二节　尊重学情：真实课堂的理性需求

基于学情的教学，是有效教学的必要保证。根据学情而定的教学起点选择和落点确定在上一节里已经有所阐述，在本节中我们来关注一篇文本的学情选择和学生学情疑问起点的教学，谈一谈在"文本处理"和课堂教学中的"真实教学处理"。

一、基于文本的教学尊重

一个文本如何来处理，往往决定于该单元的要求，但如果只是局限于单元要求，有时会使文本教学意义狭窄化。好的教师在处理文本时会考虑文本本身的特点，从而在符合单元要求的情况下，做出教学内容上的修整和确定，在修正和确定中多考虑从学情的角度去处理文本。我认为根据学生基础、知识掌握的情况来确定文本教学的处理，是一种有效的教学行为。我们都知道，文本处理可以粗浅一点，也可以深入一点；教师可以决定哪些内容多讲一些，哪些内容少讲一些。比如，同样教《老王》，在初中教和高中教，因为学生的学段不一样，所教的内容就应该不一样，深浅程度也不一样。在教《老王》时，初中就不必涉及太过于深奥的东西——比如"文革"背景下的生命状态。同样的道理，高中教学就不能只是停留在人物形象的分析上。再比如，在教《登高》时，如果学生学有余力，可以讲一些格律方面的知识，可以讲一些特定背景下的意象选择，可以讲家国背景下的诗歌主题呈现；如果学生基础知识一般，文本处理就要简单得多，只需初步了解一些格律知识，大致读懂诗歌的"沉郁顿挫"感即可。我自己在教小说《祝福》时，觉得只从小说主题方面入手，教学深度是完全不够的。因为这个文本可以提供更多的教学选择，除了主题深刻之外，作者的小说叙事技巧也是很高明的。考虑到高中学生对于叙事学也需要有一定的了解，这个角度能体现高中阶段的"深度"，我便撇开一般性的常规设计，选择了小说叙事学中的"人称选择"作为教学内容。同理，在教《锦瑟》时，我觉得仅仅停留在对"模糊主题"概念的理解上是不太符合学情的，是学浅了，该文本还可以做出更多的教学选择。现将这两个案例附后，代表我"以文本学情"为重的一种尊重学情的教学处理意见。

二、基于学情疑问的教学尊重

基于学情的从疑问起点设计教学方案，是我近几年来一直在思考的问题。教学中大家都非常重视基于学生学情的起点教学判断，因为只有这样，才能体现出我们确实是有针对性地进行课堂教学。其中，最为贴近教学实际的一种做法就是在课前利用"提问单"等方式搜集学生的疑问，对疑问进行整理分析，筛选出有价值的问题，上课的时候，带领学生把这些有价值的问题解决掉，从而达成教学目标。

学生课前"提问单"

```
课题_____ 作者（文体）_____
    姓名（组名）_____ 日期_____
问题：
1._____
2._____
3._____
4._____
……
```

需要注意的是，在很多时候，学生的疑问并不都具有普遍性或都具有研讨的价值，所以教师的教学选择和处理显得非常重要。常用的方法是，教师在筛选学生所提供的疑问的基础上加进教师觉得重要的或者学生没有考虑到却又能提升他们能力的问题。这样的课堂教学始于学生的疑问，提高于教师的认识，其有效性是毋庸置疑的，它真正体现了对学生的尊重，是"以学生为中心"的生动展示。附后的案例《项脊轩志》就是我基于学生疑问的一次教学尝试。从学生的反馈来看，效果还是不错的。有学生说："我的问题解决了。"也有学生说："从别人的提问中，我发现了新的疑问点，我学到了新的知识。"

总之，文本学情更多考虑的是对学生教什么最有价值；疑问学情起点教学更多考虑去解决学生的疑问从而突破文本教学。前者重在提升，后者更加注重解决问题，两者并不矛盾，有时是融合在一起的，依文本而生，视学生情况而定。

案例三 从"闲人"到"主角"

教学设想

在通往教学目标达成的路上，我们可以有很多途径。在小说中，主人公的人物形象分析常常受教师们的"宠爱"，通过人物形象分析来突破小说教学成了教学中最为常见的方式。他们有一个共同的特点，那就是一般都是关照"主人公"，其实有一个角度也是非常值得教师们去关注和处理的——那就是小说中的"非主角"，也就是我们常常说的"闲人"。把"闲人"设计好，有时候会有意想不到的效果。这样的闲人到处可见，比如《廉颇蔺相如列传》中的"赵王"，《鸿门宴》中的"范增"，《烛之武退秦师》中的"郑君"，《最后的常春藤叶》中的"医生"，《促织》中的"成名妻"等等，都具有典型性。研究这些人物，可以揭开很多掩盖在文本中的秘密和意蕴，曲折地达到教学目的，甚至会产生令人眼前一亮的意想不到的效果。

课堂过程展示

下面，我以小说《祝福》的叙述者"我"的选择为例，展示教学设计和课堂推进，并借此阐述如何借"闲人"的选择来突破文本。

我们都知道，小说是要有一个叙述人的，故事由不同的人来讲，视角和口吻就不一样，叙述者的选择是为反映主题服务的。比如《我的叔叔于勒》要表现的是"金钱世界里人的异化"，作者便选择了一个小孩的视角，以"纯真"来反衬"丑恶"，这是一个很好的角度，如果选择了"我"的爸爸为叙述者，那就变成了从"成人"视角看"成人"，就会少了"反差"所带来的给人的震惊和深思。钱理群在《〈孔乙己〉叙述者的选择》中，分析了叙述者为什么是"店里头的伙计"。笔者深有同感。其实，鲁迅的小说在选择叙述者的时候，是充分考虑到这一点的。比如小说《祝福》中"我"的选择，也是一个深思熟虑的结果，弄懂这个问题，便能更好地解读《祝福》。

在《祝福》的课堂中，我先是简单地梳理了情节，请大家谈谈自己对这篇文章的一些看法之后，我抛出一个学习任务：

"小说在选择叙述者的时候，为什么选择'我'？是特意安排的还是随意的？"

学生们纷纷发表看法，为了更好地引导学生探讨这个问题，我组织他们对"其他人物不适合作为叙述者"进行讨论。

师：小说《祝福》的主题是反映"病态社会中的病态现象"。要达到这个目的，作者需要选择载体，所以安排了一系列人物出场，有鲁四老爷、祥林嫂、卫老婆子、短工、"我"、柳妈、听故事的鲁镇人等，这里每一个人都可以安排成叙述者，那么鲁迅为什么要选择"我"作为叙述者呢？要说清楚这个问题，我们不妨先来看一下选择其他人的不合理性。

第一小组汇报："祥林嫂"组

生：如果选择了祥林嫂作为叙述者，那么小说就会以第一人称的形式出现。我们认为这是不可能的，这涉及鲁迅所特有的艺术构思，鲁迅要观察一个人，往往把他放到特定的关系中来表现。夏瑜置于茶馆，孔乙己置于酒馆，阿Q置于未庄等等，这种特定环境能把主人公置于众目睽睽之下，让人深思，所以第一人称自然不为作者所欣赏。再说，让祥林嫂来自述故事无异于讲阿毛的故事，读者看了一遍，嚼头就会消失殆尽。实际上，以祥林嫂的认识程度之低，是不能很好地去表现小说的主题的。那么为什么在《故乡》中选择了"我"作为叙述者呢？那是因为在《故乡》中要表现的主题是"通过'我记忆中的故乡'与'现实的故乡'对比，道出'精神世界的失落'"，无须把"我"置于环境中去观察。"我"的选择本身就是内心情感体验的需要。

第二组汇报："鲁四老爷"组

生：我们认为"鲁四老爷"不是合适的人选。祥林嫂的故事，鲁四老爷一直是比较清楚的旁观者，那么我们可不可以用他的眼光去看祥林嫂，从而给我们更多的启发呢？答案也是否定的。我们知道，鲁四老爷的书房里摆着"文房四宝"《近思录》（程朱理学）"一见面是寒暄，寒暄之后说我'胖了'说我'胖了'之后即大骂其新党"。可以想象到，以他的眼光去看祥林嫂，自然只看到问题的一面，那就是祥林嫂的死亡是一件很自然的事，而且是一件早就该发生的事情。他的叙述不能把祥林嫂所遭受的苦难很好地表现出来，就算能表现，也不会让读者产生"命运落差"感。何况鲁四老爷本身就是作者要揭露的人物呢？按鲁迅的小说模式——"看/被看"，鲁四老爷也是被看的对象，以被看的对象去叙说看别的对象是不恰当的。在这个意义上，短工、柳妈和卫老婆子等其他人都是不合适的。短工除了这一点外,他也不具备了解祥林嫂的基础,所以短工也不合适。

第三组汇报:"卫老婆子"组

生:我们认为卫老婆子作为叙述者是不合适的。她最了解祥林嫂的故事,在叙述故事这一点上,她是最为合适的,文章完全可以通过她的讲述来全面了解祥林嫂。而且在文章中,我们也知道,在祥林嫂的命运道路上,她是一个很关键的人物,是她给了祥林嫂多次的"命运转机"。来到鲁镇打工也是她极力促成的,祥林嫂被抓再嫁也是从她那里得知的。那为什么作者还是放弃了让她作为叙述者呢?我们不妨来作这样的想象——卫老婆子成了叙述者,那么,文章中就该省略去"有无魂灵的对话"和"'我'跟……鲁四老爷的对话。"这两段对话恰恰是文章中较为重要的部分,我相信读者一定懂的,不须赘述。

教师总结:这样可以选择的余地就不多了。"我"自然是最佳的。在"我"的选择上,我觉得以下几点是最为重要的。

经过全体同学的讨论,以下为叙述者选择"我"的理由:

一、"我"的身份决定了"我"的选择

"我"的身份是知识分子,也只有"我"这样的人才会去思考祥林嫂之死的真正原因。去思考这种在鲁镇人看来是一件很无聊的事情,这一点我们可以从短工的回答中看出。

……

"什么时候死的?"

"什么时候?——昨天夜里,或者就是今天罢。——我说不清。"

"怎么死的?"

"怎么死的?——还不是穷死的?"他淡然的回答,仍然没有抬头向我看,出去了。

我们可以看到,"什么时候死的?怎么死的?"短工的态度很明显:这也要关心?这也是值得关心的?所以"他淡然的回答,仍然没有抬头向我看,出去了"。卫老婆子说起祥林嫂故事时的漠然和淡定,鲁四老爷的皱眉,听故事者的滑稽表演都展现了鲁镇社会对祥林嫂的生命的漠视。从这一点上看,也只有"我"才是妥帖的。

二、文章的主题决定了"我"的选择

以往分析《祝福》,主题大多确定在"展现了封建社会中被压迫妇女的命运的惨况"，这样的分析，"我"就只是一个"封建社会中被压迫的妇女的命运"的见证者和叙述者。这样分析的弊端，有很多文章都提过，这里不再赘述。我们说这样的分析是不完整的。最近新课程改革中对于"小说主题理解"的多元性解读的回归作了很恰当的表述，开始重视文本的本来面目。很多人指出，鲁迅的《祝福》是"另含深意的"（钱理群语）。《祝福》一文表现了知识分子"我"灵魂深处的浅薄和软弱、无奈与逃避。"我"的存在，是病态社会中的病态表现之一，鲁迅企图通过解剖知识分子的灵魂，思考当时知识分子的出路与责任问题。还有人指出：《祝福》中当"我"面对祥林嫂的三个问题时，"我"却以"说不清"即中国传统的中庸之道作答，让"我"发现，自认为与"鲁镇"传统社会绝对对立的"我"与传统精神的内在联系，最终只能选择"再度离去"。关于这一点，钱理群先生这样表述：《祝福》在"他人的故事"中，还有一个"'我'的故事"——"我"在与鲁镇社会的关系中，始终是一个"异己者"。"我"当年离去，自是对"家乡"的背弃，如今"我"归来，故乡"已没有家"，不再存有《故乡》里"我"那样"寻梦"的奢望，"我"只是四处"漂泊"中在家乡暂作停留，发现家乡一切都没变：祝福的祭祀活动等等，"我"注定与这停滞不前的鲁镇社会格格不入，表明了现代知识分子与传统社会的不相容性[①]。从这个角度来看，"我"也是文章的一个主角，甚至有人说，"我"才是作者最终所要表现的主角，"关注内心世界精神状态才是作家的真正创作源头"（苏霍姆林斯基语）。从这个意义上来看，小说选择"我"作为叙述者是最为合适的，也是最为恰当的。

三、故事本身叙述的需要决定了"我"的选择

说故事也要考虑到故事的叙述方式。小说采用插叙的方式展现出了鲁迅的小说风格的多变性，按时间顺序来讲述故事不是鲁迅的"爱好"，这也是小说作者抛弃选择祥林嫂身边人特别是卫老婆子作为叙述者的原因。"我"这个角色的合适点在于：有些故事，"我"是知道的；有些事要听过之后来补充；有些事直接发生在"我"的身上。这样，文章就会呈现三个层面的内容：有直接发生的（如有无魂灵的对话）；有所见的（如祥林嫂的外貌、在鲁镇生活的情况等）；有听来的（如阿毛的故事等）。这样不同类型的故事组合自然会采用"现实与过去，真与虚"相间的方式，使文章展现出多变的叙述方式，使文章读起来富有跳跃感。这种效果

[①] 钱理群《祝福："我"的故事与祥林嫂的故事》，选自《名作重读》。上海教育出版社，第25-26页。

正是作者想要的,这样的情况也多见于鲁迅的其他小说里。

师总结:至此,我们便可以领悟到小说为什么把"我"作为主人公。在小说中,祥林嫂和她生活的立体社会环境成了"我"关注的对象,接着,自己也成了祥林嫂故事的一部分,成了被拷问的对象,而读者在欣赏作品时,又形成了与小说人物、叙述者之间的互动。这样小说就呈现出了复杂性,显示了鲁迅非凡的小说写作艺术。

这种通过质疑其他"闲人"的不适切性,找出只能选择"我"作为叙述者的原因,并为此找出充分的理由来证明"闲人不闲",显示了课堂设计的另一条思路。这种方法如果运用得好,可能会有意想不到的效果,对文章的理解和课堂的推进起到"四两拨千斤"的作用。

案例四　中国的斯芬克斯之谜

——《锦瑟》课堂实录

教学设想

如何使我们的诗歌教学"基于学生又高于学生",如何在诗歌的课堂教学中培养学生的诗歌解读能力,一直是诗歌课堂教学追求的两个着力点。《锦瑟》自古以来就属于"难解诗歌"的代表,被称为"中国的斯芬克斯之谜"。《锦瑟》的美,美在情感的朦胧,美在情感主题表达的丰富。很多诗家都建议读者在欣赏该诗时须不求甚解。《锦瑟》教学难,作为教师,却不可以因为难而躲避不教,你必须带领学生体会到这种无法用常规教学手段来展现的"朦胧美"。本诗的教学难点就在这里。很多教师选择了"诵读"这一手段,反复阅读本诗来体会情感的"朦胧",分小组讨论本诗歌的主题来争辩是"悼亡说"还是"自伤说"。我觉得此类做法于学生至多收获了"本诗情感意蕴丰富""本诗的主题多义"的意义(事实上,这首诗歌本身就是无法解答这两个问题的)。这样的设计对于高中学生来说,明显是缺少深度和广度的,体现不出高中教学的"高"的。

我的设想是:既然本诗的特点是"情感的朦胧,主题的多义",不如就带领学生解密这种情感的朦胧性和主题的丰富性,并触及其产生的原因,了解该诗歌在文学史上的地位。以这样的角度切入,以这样的目标定位《锦瑟》,学生可能会在更高阶的层面懂得这首"读不懂"的诗歌价值，使本诗的教学具有更高层次的价值。

（课）（堂）（实）（录）

一、导入——诗人简介，渲染情感

（体育课刚结束，学生都有点浮躁）

师：刚上完体育课，看大家都有点热，我先给大家讲个故事，降降温。

一个年轻小伙子考取了功名。当时社会中分成了两个派别，一个是牛党，一个是李党。这个小伙子是牛党人的骄傲，前途无量。很可惜，在他大好年华里，他喜欢上了李党人的女儿，牛党人纷纷劝说小伙子勿娶李党人的女儿，怕他从此前途渺茫，但年轻人义无反顾地相信了爱情。果真，李党人不太相信他，说他是卧底，牛党人也不再理会他，说他是叛徒。自此，这个少年年纪轻轻便失去了政治前途。好在他还有爱情，本以为此生有爱情陪伴，也算得惬意，可惜，几年之后，妻子也去世了……

生戚然。

二、情感了解——初步感受诗歌情感的丰富性

出示课题《锦瑟》，生齐读。

师：读得非常好，课前老师听说有些同学已经学过这首诗歌，我先调查一下，有哪些同学学过，学过的同学请举手。（有接近一半的同学举手）

【高一选考后，学生来自不同的班级，有些班级已经学过《锦瑟》，有些学生没有学。】

师：那好，我来考一下学过的同学掌握了多少？请同学们看幻灯，我如果把这首诗歌的最后一联"此情可待成追忆"中的"此"去掉，你会用什么字来替代？

生1：我觉得是"深情"，我的老师告诉我们，这是他对亡妻深切的怀念，还有就是，思念就像一种痛苦，而这种痛苦是由深情所引发的，所以我觉得是深情。

师：这个词用得特别好，深情，是对他老婆的怀念，是吧？可是我听到你前面说的一句话"我的老师告诉我"，这就是说你觉得"深情"是老师告诉你的？

生1：老师引导了下，自己也想到了。（笑）

师：请其他的同学再来说说，你觉得还可以用什么词？

生2：我觉得还可以用"思情"吧，因为我觉得这首诗是对亡妻逝去的深深的怀念。

师：你跟她在分班之前肯定是同一个语文老师，思情、爱情、深情，是同一个意思，你们的老师肯定是一个深情的人。还有谁学过了，不一样的，不是爱情的有没有？

生3：我觉得是"苦情可待成追忆"。

师追问：为什么用"苦情"？

生：因为我觉得这首诗包含了作者对自身身世的感伤。

师：对自身身世的伤感，你的高一语文老师有说是写"爱情"的吗？

生3：我们是同一个老师。

师故作疑惑：同一个老师怎么教出不同的答案呢？

【引出诗歌的多义性。】

生3：因为我的高一语文老师认为这首诗歌非常深奥，有很多感情夹杂在一起，不能用一种感情来概括。

师：那没有学过的同学来说说看，你觉得这个情是什么情？

生4：我觉得是关于时间的感慨。

师：光阴易逝的感慨、年华的感慨，这是你最初读诗的印象，好，你觉得呢？

生5：我觉得这里其实有点悲情，因为从诗的后四句可以看出来，作者有一种比较悲伤的感情在里面，可能是感叹自己孤单的处境、孤独的处境。

师：你怎么会读出了孤独？

生5：从"沧海月明珠有泪、蓝田日暖玉生烟"中的"沧海，明珠"中，我感觉他其实在感叹他孤身一人，就是在这个世上，好像没有伴侣的那种孤独感。

师：你特别棒，能结合"沧海月明珠有泪"来说他的孤独。请同学们也学他分析的办法来说说，这首诗歌你觉得还有其他的情感吗？

生6：我觉得还含有对仕途迷茫的感觉，因为他说"望帝春心托杜鹃"，就感觉他有点仕途不顺的悲伤。

师：同学们对诗歌的感觉非常敏锐。这首诗歌的主题解读比较复杂：对爱情的悼亡，对年华逝去的无奈，对仕途的迷惘……我觉得这些解读都是有道理的。我在网上搜索了一下，发现发表在各类报纸、杂志上对这首诗解读的文章竟然有1200多篇，每个人都能自圆其说地作出自己的阐释。其实，学界对这首诗的解读还是比较有争议的,让我们去解读,确实有点为难大家了。

三、解读诗歌——做"减法"以了解诗歌内容

师:今天教大家一种诗歌的解读方法,如果大家想要读懂一首诗歌,我们可以做减法。诗歌表情达意的时候,常常会选择一些渲染性的诗句或者是在句子中加一些修饰语。如果我们想要理解好诗歌的内容,不妨先把这些渲染性的语句或词语给去掉,剩下来的诗句,就有助于我们去读懂诗歌了,现在我们就以《锦瑟》为例来做做这个事情。

(PPT出示《锦瑟》整首诗)

师:同学们先看一下,这首诗歌,如果我把一些诗句去掉,而不会影响整首诗歌的意思表达,那应该去掉哪几句?

生(众人):当中几句。

师去掉当中几句诗句(PPT呈现)

> 锦瑟无端五十弦,一弦一柱思华年。
> 此情可待成追忆,只是当时已惘然。

师:好,我们一起来读一下。

(读完)

师:这样我们就得到了一首不太严格的绝句了,如果我们继续做减法,这四句中哪些词语还可以再去掉。

生:锦瑟。(师追问:锦瑟去掉吗?)

生:无端、一、可待、只是……

> 锦瑟五十弦,弦柱思华年。
> 此情成追忆,当时已惘然。

师:好,我们再读一下。

师:现在很简单了,同学们来看看,请问,如果就读到这四句诗歌,你觉得,这首诗歌是说什么的?你来说……

生1:对年华逝去……

师:年华逝去,因为诗中直接有华年,对吗?还有吗?

生2:她说得很对。

师：她说得很对，是吗，有没有异议？

生2：没有。

师：有没有任何的异议？

生（众人）：没有。

四、诗歌解读——做"加法"进一步体会情感

师：同学们没有任何的异议，因为诗歌很清楚地告诉我们，作者看到锦瑟后想起了年华易逝。是不是这样的，同学们？

众人：是。

师：为什么删改了以后，情感反而变得明白清晰，那只能说明一个问题，刚才我们所说的复杂情感的产生，是因为这些被我们刚刚删去的词在起作用。对吗？

生：对。

师：好，现在我们开始恢复全诗。（师出示恢复的诗句）

师：好，现在恢复全诗以后，请同学们随便挑一个词，来说说这个词的作用。

（生暂时答不出来）

生：在"无端"里我读出了作者的无奈。

生：我从"一"里读出了情感的复杂。

生：我从"可待"和"只是"里读出了伤感。

师：同学们解答得非常好，那当中的四句话有人能说一下吗？我们先来读一下中间的四句。（生读）

师：这四句有个特点，典故特别多，同学们分析一下，都有哪些典故嵌于诗中。

（生说出四个典故）

师：这四个典故，注解里面都有解释，具体的含义同学们可以自己看一下。

现在，我想问同学，这四句里面，让这首诗歌产生情感主题令人不可捉摸的原因是什么？好，我请一个男生来说说看，你先来。

生1：我觉得是典故比较难懂。

师：典故难懂，所以情感也就难懂了。你来说。

生2：我觉得是里面的意象不确定造成的，意象不确定情感就会不一样，所以导致让人产生很难懂的感觉。

师：你是说里面有涉及不确定的意象，我再问一下，是哪些意象不能确定呢？

生2：像诗句中的"春心"，意思比较多样，可以产生青春、爱情、理想的向往等意思。

师：所以"望帝啼鹃"这个典故里的"春心"可以做三种的意思理解，是吗？真棒，按照他这个思路的话，你来说一下。"春心"如果可以做两种理解的话，其他典故里面……

生3：庄生晓梦迷蝴蝶，晓梦就是沉迷往事吧？

师：沉浸在往事当中，一般的往事都会在哪里出现？

生3：梦中……

师：梦中出现的事情都是真实的吗？

生3：不是。

师：有可能是指将来，也有可能是指过去，也就是说这里面的"晓梦"，跟"春心"一样，出现了多种不同的解读。好，请同学们继续说。

生4：我想说的也是庄生晓梦迷蝴蝶这句。我觉得这句比较重要一点，因为它透着一种迷茫，庄子早上起来都不知道是蝴蝶还是自己，一种对前程的迷茫和感伤。

师：早上醒来的时候不知道自己梦到了蝴蝶还是蝴蝶梦到了自己，一直处在迷茫的一种状态，这何尝不是一种生活的状态。嗯，非常好，你来说。

生5：沧海月明珠有泪，就是说，古人常说沧海，很感伤，表达了作者的悲伤。

师：你觉得这一句中哪个字可以表达情感？

生5：泪。

师：泪，也是一个不确定性的意象。前面的"春心""晓梦""泪"这些意境的不确定性导致了情感的不确定，按照这样的思路，那"蓝田日暖玉生烟"中哪个字产生了意象不确定性？

生6：玉生烟。

师：见过玉生烟吗？什么是玉生烟？

生6：近处看不见，远远地才能看见远处好像有玉气冒出来。

师：玉气在远处才可以看得见，若有若无，走近了，反而没有了。这让你感受到什么？

生6：因为他很迷茫，处在一种精神恍惚、若即若离的状态。

师：同学们，经过分析，我们发现这几个典故，其实有个共同的特点，就是朦朦胧胧、迷迷糊糊，我们搞不清楚作者想表达什么，但我们可以感觉到，诗歌中存在有那么一种悲伤的、孤独的、凄冷的情感。

出示梁启超的评价

> 义山的《锦瑟》《碧城》《圣女祠》等诗，讲的什么事，我理会不着。拆开来一句一句叫我解释，我连文义也解不出来。但我觉得他美，读起来令我精神上得一种新鲜的愉快。须知美是多方面的，美是含有神秘性的。
> ——梁启超《中国韵文内所表现的情感》

师：他有一种情感在里面，读起来有美感。这种美感，刚才那个男同学说得非常好，实际上是诗歌中的这几个意象，让人产生了不确定性，正因为这种意象的不确定性才导致这首诗歌出现这么多的复杂情感：对爱情的悲叹，对逝去年华的悲叹。为了印证这种说法，我选取了两家的评论。（出示PPT）

> 朱彝尊："此悼亡诗也。意亡者喜弹此，故睹物思人，因而托物起兴也。瑟本二十五弦，弦断而为五十弦矣，故曰'无端'也，取断弦之意也。'一弦一柱'而接'思华年'，二十五岁而殁也。'蝴蝶''杜鹃'，言已化去也。'珠有泪'，哭之也；'玉生烟'，已葬也，犹言埋香瘗（yì）玉也。此情岂待今日追忆乎？是当时生存之日已常忧其至此而预为之悯然，必其婉弱多病，故云然也。"
> （摘自《李义山诗集辑评》）

> 何焯："此篇乃自伤之词，骚人所谓'美人迟暮'也。'庄生'句言付之梦寐，'望帝'句言待之来世。'沧海''蓝田'言埋而不得自见；'月明''日暖'，则清时而独为不遇之人，尤可悲也。"
> （摘自《李义山诗集辑评》）

五、总结诗歌的历史意义——李诗的历史地位

师：这就是李商隐的诗歌，他的诗歌之所以呈现这样的状态，跟他的人生经历有关，在上课伊始我已经跟同学们说过这个故事了。那是不是有很多诗人也会有这样的创作特点呢？为了让同学们有个直观的了解，我们来看一下在李商隐之前的朝代里，是不是诗歌都有这样的特点，我选取了各个朝代的一些诗歌，同学们来看看。（出示PPT，其中意象描红）

诗经《关雎》
关关雎鸠，在河之洲。
窈窕淑女，君子好逑。
参差荇菜，左右流之。
窈窕淑女，寤寐求之。
求之不得，寤寐思服。
悠哉悠哉，辗转反侧。
参差荇菜，左右采之。

西汉《西洲曲》
采莲南塘秋，莲花过人头。
低头弄莲子，莲子青如水。

魏晋《龟虽寿》
神龟虽寿，犹有竟时。
腾蛇乘雾，终为土灰。
老骥伏枥，志在千里；
烈士暮年，壮心不已。
盈缩之期，不但在天；
养怡之福，可得永年。
幸甚至哉，歌以咏志。

初唐《静夜思》
床前明月光，疑是地上霜。
举头望明月，低头思故乡。

盛唐《送元二使安西》
渭城朝雨浥轻尘，客舍青青柳色新。
劝君更尽一杯酒，西出阳关无故人。

我们先看一下《诗经》，同学们，《关雎》这首诗是说什么的？

生：爱情。

师：你怎么知道是关于爱情的。

生：窈窕淑女，君子好逑……

师：直接点明，里面描红的意象让我们一看就知道是有关于爱情的。

生：西汉的那首是爱情诗，当中的意象"莲"就是"怜"，表示爱情。

师：是的。好，再看魏晋的这首诗歌的主要意象，老马。老马，老骥伏枥，志在千里，是不是很拼命？再看下面，初唐的这首诗，是什么？

生：月，表示思乡。

师：好，我们来看最后盛唐的这首，里面有两个意象，一个是什么？

生：柳。

师：另一个是什么？

生：酒。

师：这两个意象，我们是否知道是指什么？

生：离别……

师：咦，同学们有没有发现，历代诗歌中像《锦瑟》中的意象那么模糊的很少见，意思基本上是清晰的，只要你了解了这个意象，基本上就可以了解诗歌的情感。但是，你有没有发现，今天我们在学习李商隐诗歌的时候，他选用的意象是模糊不定的，故而我们无法确定这首诗歌的情感到底是属于什么。这个意象很奇怪，好多读书人也注意到了这一点，袁行霈说——

（出示PPT）

> 《锦瑟》意象精致而朦胧，跳跃且非逻辑，诗歌所塑造的是一种情绪化心灵化的意境，一反诗歌"言志""含蓄但不晦涩"的传统，提供了另一种诗歌的范本，形成了诗歌"隐晦"即多义性、丰富性的传统。
>
> ——袁行霈《中国文学史》

"开启了诗歌情感表达的隐晦时代"

师：这首诗歌开启了诗歌情感表达的隐晦时代。诗歌的多义性和丰富性与李商隐本身的人生经历有关，爱情方面、事业方面、仕途方面，没有一样是如他愿的。这样一来，自然而然在他的诗里就会呈现这样的特点，这些特点不能用一种情感来囊括表达，所以产生了一种新的诗题，这类诗有一个十分含蓄的题目，叫什么？

生：《无题》。（出示PPT）

师：什么叫无题，现在很多同学也写诗歌，题目写不出来就写无题。（生笑）李商隐的"无题"完全不是这个意思，真正的"无题"是指诗歌本身具有多义性和丰富性，所以《锦瑟》的情感才会如此的复杂，现在同学们能明白李商隐诗歌的意义了吗？

师：诗歌，到唐代已经发展到巅峰了，这个高峰是难以逾越的，但是随着唐代繁盛的逝去，竟然在唐末又出现了一个诗歌高峰，出现了"小李杜"。唐代那么多诗人，凭什么他们俩称为"小李杜"，会兴起唐诗歌的另一个新高潮。实际上也是由他们的人生经历决定的，他们开创了属于自己的诗歌天地，所以，他们是很了不得的。你看梁启超是怎么说的：

（出示PPT）

> 义山的《锦瑟》《碧城》《圣女祠》等诗，讲的什么事，我理会不着。拆开来一句一句叫我解释，我连文义也解不出来。但我觉得他美，读起来令我精神上得一种新鲜的愉快。须知美是多方面的，美是含有神秘性的。
>
> ——梁启超《中国韵文内所表现的情感》

师：诗歌的意义无法言说，是很正常的，专家无法解答，但是读起来就有一种美感。你看，他后来的诗歌都带有这样的一种美感，这形成了他诗歌的独特性，对后来的诗歌产生了不可估量的影响。

（出示PPT）

> 雨巷
>
> 撑着油纸伞，独自
> 彷徨在悠长，悠长
> 又寂寥的雨巷，
> 我希望逢着
> 一个丁香一样的

> 结着愁怨的姑娘。
> 她是有
> 丁香一样的颜色，
> 丁香一样的芬芳，
> 丁香一样的忧愁，
> 在雨中哀怨，
> 哀怨又彷徨。
> 她彷徨在这寂寥的雨巷，
> 撑着油纸伞
> 像我一样，
> ……

师：这首诗歌，同学们见过吗？

生：见过。

师：在高一的课本里学过，一个丁香一样结着愁怨的姑娘，你觉得这个姑娘是什么样子的，你能说得清楚吗？很多人在读《雨巷》的时候，跟我聊到这个意象的难以捉摸，很多老师也跟我说《雨巷》这首诗歌很难教，为什么呢？因为这个女主的人物形象捉摸不透，"丁香一样的姑娘"到底是一个什么样的姑娘？无法形容，因为"丁香"这个意象具有不确定性。但恰恰这个意象成就了《雨巷》神秘莫测的美感，这不得不归功于"丁香一样的姑娘"的意象的创造和选择。

我觉得这首诗歌一定是深受了李商隐的影响，所以，从文学史的角度来说，李商隐可以说是开启了一个新的诗歌的表达时代，他的诗作在我们现代诗的创造中都能找到被影响的因子，这也是中国传统文化生生不息的原因。很多人在前人的基础上汲取营养、再填补进自己的创作。所以在这个意义上，李商隐起到了开山鼻祖的作用，就单凭这一点，就很了不起了。

师：好，今天我们上到这里。这节课，我主要讲了两件事情。一是要欣赏一首诗歌，不妨按老师的方法先做减法，看看他说什么，然后仔细揣摩减掉的部分就可明白诗歌的情感。二是我们解释了李商隐为什么会成为晚唐的一个代表性人物，是因为他创造了一个诗歌的隐晦的传统，而这对后世的影响非常大。希望在这一节课后，同学们能站在文学史的角度去重新考量这首《锦瑟》，用新的眼光

去品读这首诗歌。我们一起读一下这首诗歌。(生齐读)

好,下课。

案例五　始于提问,终于释疑

教学设想

不重视学情的教学削弱了课堂的教学效果。在新课改起始阶段,教师对学情已有所重视,但是重视程度还是远远不够的。尽管在新课程改革中,课堂教学开始关注各种教学方法的创新,教师已认识到课堂教学要从"以教为中心"到"以学为中心"转变,但实质上并没有真正意义上的改观。多数教师对学情的重视,集中在备课阶段对学情的预估,而并非从学生的真实情况出发。

我想,如能在上课之前的备课阶段,先通过学生自主学习,提出不懂的问题,然后教师围绕学生提出的问题进行课堂教学设计,可能会更接近于课堂教学的本质。

这样的做法,不是没有人实践过,但以往的"提问教学"多停留在"学生提问—教师收集—共同解决"的层面,它的最大弊病就是课堂的质量决定于学生的提问质量,因为学生毕竟只是初学者,所提的问题多是浅层次的问题,而对于高中生来说,课堂更需要一定的深度。基于此,我提出,要在学生所提的问题中根据教学需要加进教师的问题,"学生的提问"加上"教师的插问",形成一个既基于学情又体现课堂深度的教学模式。

本文是以我在温州市第二外国语学校所上的一节研讨课《项脊轩志》为例,展现教学设计及其实施过程,以供同行参考。

课前学生的提问

共43人,1人请假,2人提不出问题

1.为什么作者长期在外谋生,在生病时候让人去修了项脊轩,并且与之前的格局不同? ——陈凡可

2.为什么最后一段要如此突兀地写妻子种的树呢? ——邹彬燃

3.为什么作者在文章最后突然写了亡妻所手植的枇杷树呢,不是很突兀吗? ——林逸飞

4. "予居于此，多可喜，亦多可悲"是因为什么？　　　——娄嘉芮
5. 文章加入最后一段是何目的，与前文无关，不是很突兀吗？
　　　　　　　　　　　　　　　　　　　　　　　　——林子皓
6. 这篇文章主要用来纪念其妻子，为什么还要写祖母和母亲呢？
　　　　　　　　　　　　　　　　　　　　　　　　——张湘
7. 为什么修了房子之后却不常住，而是去外面谋生呢？　——张俏漫
8. 这篇文章表达了作者怎样的思想感情？　　　　　　——何杰凯
9. 为什么作者要用大量的笔墨写老妪与"我"的谈话内容？——方钲
10. 写项脊轩为什么要提到自己的妻子？仅仅是为了悼念亡妻吗？
　　　　　　　　　　　　　　　　　　　　　　　　——郑捷妤
11. 为什么第二段开头说有许多可喜之事，却不写可喜之事？
　　　　　　　　　　　　　　　　　　　　　　　　——吴成杰
12. 为什么全文都在讲项脊轩，结尾却以枇杷树结束呢？——余奕睿
13. 作者是南京太仆寺丞，却住这么破旧的屋子，不断翻修，却又不搬走，为什么？　　　　　　　　　　　　　　　　　——卢晨
14. 为什么作者要在若干年后加入最后两段？　　　　——李奕儒
15. 为什么《项脊轩志》最后一句那么有名？　　　　——周驰杰
16. 作者描写了项脊轩中的场景与历史故事，究竟想要表达什么呢？
　　　　　　　　　　　　　　　　　　　　　　　　——陈徐达
17. 项脊轩志对于作者来说到底意味着什么？　　　　——蔡筱莹
18. 明明项脊轩对于作者来说那么重要，为什么在妻子死后没有及时打理，而是过3年后，卧病在床之后再打理呢？　　　——李硕
19. 这篇文章，作者表达的是对过去种种事物的怀念，还是对文章中某个人的怀念？（没有名字）
20. 文中说"多可喜，亦多可悲"，哪里可喜？　　　　——刘品辰
21. 《项脊轩志》开头说只能一人居住，为什么后文写到妻子曾与"我"同住？　　　　　　　　　　　　　　　　　　　——郑嗣娴
22. 为什么作者住在这里可喜又可悲？　　　　　　　——胡温琪
23. 为什么作者的心情会喜会悲？　　　　　　　　　——谢俊豪

24.《项脊轩志》写的内容除了都发生在项脊轩之外还与什么有联系？
——林陈豪
25. 为什么"吾"看见太常公的旧遗物会哭？——杨凯伊
26. 文章倒数第二段中写"余既为此志"在本文中是否有逻辑错误，如果没有，那么作者这样写的目的是什么，有什么作用？——叶均墨
27. 此居对于作者为何物？——陈函楚
28. 为什么倒数第三段中写了轩中环境？——杨多多
29. 文章倒数第二段提到"我"写这篇志五年后妻子才嫁过来，但最后一段又说妻子已经死了很多年了，这不是前后矛盾吗？——丁家琪
30. 第4段写妻子有什么作用？——张漪涵
31. 为什么倒数第二段要写项脊轩和妻子的往事？是怀念妻子还是项脊轩？——伍钊逸
32. "予居于此，多可喜，亦多可悲。"为什么既多喜，又可悲？喜在哪？悲在哪？——苏忠顺
33. "庭有枇杷树，吾妻死之年所手植也，今也亭亭如盖矣。"作者写这句话有什么含义？与本文有什么联系？——李卓阳
34. 综观全文，本文讲述项脊轩内发生的事，那为何最后一段要用与妻子有关的树作为结尾呢？为什么不用其他事物，如"象笏"结尾呢？——王怡青
35. 先前一直讲房子怎样，但是后文又讲妻子，前后有何联系？
——黄梓轩
36. 最后一段是否多余？——庄奕轩
37. 为什么作者与老妪谈话时，老妪与"我"都哭了？——梁玺钊
38. 作者写有关项脊轩的故事的目的是什么？——林映含
39. 文章的结尾可有何深意？——刘易伦
40. 归有光为什么要写项脊轩志？这对他有什么特别意义？——荆尚兵

我以"提问最多，质量最好"的问题选择标准，通过对学生提问的筛选和整合。整合成三个问题，教师出于需要补充了第一个问题，四个问题刚好构成了一个整体。即四个问题构成了散文教学的三个方面：

散文的特点——"寄情于物""寄情于人""以景作结"。

1. 文章中，项脊轩一会儿称为"室"，一会儿称为"轩"，是不是作者随意用的？　　　　　　　　　　　　　　　　　　　——"寄情于物"

2. 写屋子，为什么用了大量的笔墨写老妪和"我"的谈话？为什么作者与老妪谈话时，老妪和"我"都"哭"了？而"我"看见太常公的旧遗物却"号"了？（方钲、梁玺钊、杨凯伊）

3. 补写妻子的段落好像与全文有点不协调，文章写的是项脊轩，为什么要写妻子呢？（郑捷妤、张漪涵、李奕儒、伍钊逸、黄梓轩）　　——"寄情于人"

4. 最后一段听说很有名？我觉得很突兀。文章写项脊轩，最后却以写树为结束。可以删去吗？或者可以用其他事物吗？比如"象笏"。（邹彬燊、孙逸飞、林子皓、余奕睿、周驰杰、李卓阳、王怡情、庄奕轩、刘易伦）

　　　　　　　　　　　　　　　　　　　　　　　　——"以景作结"

课堂实录

一、导入。简介明散文在散文史的位置，了解学习此篇课文的意义

师：我们都知道，各个朝代有各个朝代的代表性文体，比如唐诗……

生：宋词、元曲、明清小说……

师：其实这些代表性的文体不是这个朝代的唯一，之所以成为"唯一"，实在是这种文体太过于出色。实际上，在唐宋时期，散文就很有名。在唐宋有"唐宋八大家"，人称"唐宋派"，但八大家后，散文逐渐没落，直到清代出现了散文名派"桐城派"。这两者之间其实有一个承前启后的"散文流派"，也叫"唐宋派"，我们称他为"小唐宋派"，它在"唐宋派"和"桐城派"之间起到了桥梁的作用。那"小唐宋派"中是谁在起主要推动作用，能猜得出来吗？

生：归有光。

师：很会推理，真棒！代表性人物就是归有光。

（出示PPT）

历代对归有光的称赞

归有光：被誉为"今之欧阳修"，称赞其散文为"明文第一"。

姚鼐：《项脊轩志》是"太仆最胜之文"。

鲁迅：其对现代散文的影响不可估量。

师：看评述，归有光实在厉害，"明文第一"。

生：明代散文第一。

师：NO.1，明文第一，"今之欧阳修"，现在还活着的欧阳修，评价非常高！姚鼐说太仆最胜之文，是说这篇文章是最好，所以今天研究这篇文章，就相当于在研究归有光，研究归有光就相当于在研究明代的散文，研究明代的散文就是在研究唐宋派和桐城派是如何传承和发扬的，鲁迅言其对现代散文的影响，不可估量。我们今天好好地学一下这篇文章。

二、简介作者

师：在学习本文前，我们先了解一下作者。

（出示PPT）

作者其人

归有光（1506—1571）字熙甫，昆山人；别号震川，又号项脊生，世称"震川先生"。9岁能文；35岁中举，八试不第；迁嘉定，收徒讲学；花甲及第。授长兴县令，后任南京太仆寺承，故称"归太仆"。

8岁丧母周氏，17岁失祖母夏氏，29岁发妻魏氏死，32岁魏氏婢女寒花亡，43岁长子亡，44岁继室又死，60岁才中进士，任县令。

师：在这个介绍里，你读出了什么？有没有读出让你特别有感触的信息？

生1：怀才不遇，60岁才中了进士。

师：一直考到60岁，仕途不顺。

生2：从他的经历来看，60岁才中进士、才当官，我觉得他很辛苦。

师：我得出一个结论：痛苦能造就作家，他9岁就能文了，但60岁才有机会任一个小小的县令。

三、研析课文——出示同学们的疑难问题，阐明本课的难点所在

师：为了研究《项脊轩志》这篇文章为什么会是"明文第一"，成为归有光的代表作，在上课之前，我委托你们的陈老师做了一个调查：你读完以后有没有不懂的地方，并请大家提一个问题。全班43个同学总共问了40个问题。我归类分析了一下，进行了整合筛选，然后从中挑选了一些有用的问题。

我选题的标准有三：一是"全班疑问提得最多的"，我选了一个；二是"提的质量最高的"，也选了一个；三是我觉得难度不是很高但很能代表整篇文章深度

理解的。总共三个问题，为了激发同学们兴趣，我也将我自己的一个问题混杂其中。四个问题罗列如下：(请一个同学先来读一下这几个问题，生读）

（出示PPT）

> 1.文章中，项脊轩一会儿称为"室"，一会儿成称"轩"，是不是作者随意用的？
>
> 2.写屋子，为什么用了大量的笔墨写老妪和"我"的谈话？为什么作者与老妪谈话时，老妪和"我"都"哭"了？而"我"看见太常公的旧遗物却"号"了？
>
> 3.补写妻子的段落好像与全文有点不协调，文章写的是项脊轩，为什么要写妻子呢？
>
> 4.最后一段听说很有名？我觉得很突兀。文章写项脊轩，最后却以写树为结束？可以删去吗？或者可以用其他事物吗？比如"象笏"（屋有象笏，吾祖所留也，今已破败不堪矣）。

师说明：第四个问题最后的括号里的这句话是我加的。因为这个同学说，能不能用其他的事物，比如象笏，那么我在想，用象笏的话，他的结果应该是这样子的——

屋有象笏，吾祖所留也，今已破败不堪矣

师：四个问题中，大家猜猜看，哪个问题是我出的？

生3：我觉得是第一个，这个细节太细了，我们读书是不会注意到的，只有老师会注意到。

师：很好，你教了同学们一招，读书要注意细节。

师：还有同学再给我一个充分一点的理由吗？

生4：感觉就是这个……

师：等一下，等问题全部解决后再公布答案。

四、研析课文 —— 明确散文的结尾的特点：以景作结

▲问题解决：最后一段听说很有名？我觉得很突兀。文章写项脊轩，最后却以写树为结束？可以删去吗？或者可以用其他事物吗？比如"象笏"。

师：大家觉得哪个问题最好解决，我们马上把他解决掉。

生：第四个。(多数同学都同意)

师：好，那我们就先来解决第四个问题。这个问题，是疑问最多的一个问题。

比如有同学问：最后一段听说很有名？我觉得很突兀。比如有同学说，文章明明是写项脊轩，怎么写着写着，最后却以写树为结束，显得格格不入；还有同学问，这一段可以删去吗？或者可以用其他事物替代吗？比如"象笏"。我把同学们的疑问整合在一起了。

前后桌为一小组，讨论，马上形成一个答案说给其他同学听。

（生讨论4～5分钟）

（出示PPT）

> 庭有枇杷树，吾妻死之年所手植也，今已亭亭如盖矣。

师：刚刚在讨论中，我听到一个问题，有人在争论，这棵树是谁种的？

（生笑）

师：你们看这个句子，好像真的有歧义，如果是他妻子种的，怎么断句？

生5：吾妻死之年/所手植也

师：这样断，是"我"种，还有不同断法吗？

生5：吾妻/死之年所手植也，"吾妻"种。

生：我觉得是他们一起种为好，因为无论是谁种的，都代表我对过去的追念。

（学生主动鼓掌）

师：反正是我们种下的就可以，最好是两个人一起种。很好，这个问题解决了将对我们探讨第四个问题很有帮助。

师：怎么回答我刚才这个问题，好，谁先来解决这个问题：最后一段听说很有名？我觉得很突兀。能删去吗？好，哪一组先来说。你们不能只沉浸在他们夫妻相处的情感中去。要不，我请一个同学，来，请那位笑得很开心的同学。

生6：我觉得不能删去。

师：回答很正确。

（生笑）

生6：因为我觉得有纪念他妻子的那种感情在里面。

师：纪念妻子有很多种方法，比如说：妻，我真的爱你爱你，不好吗？我觉得这样抒情更强烈。

生（众人）：课文含蓄一点，有韵味些。

生6：我觉得老师的说法太直白了。

师：你觉得最后一段要含蓄点？

生6：这个枇杷树已经亭亭如盖了，说明已经过去很多年了，但是这么多年了，他还是很想念自己的妻子。

师：树都已经长大了，但斯人已去，我们有个成语——

生（众人）：物是人非。

师：真棒，看到这个树就想起自己的妻子。同学还有补充吗？

生7：因为我觉得这个树有意义，因为这棵树是他们一起种的，他妻子去世了以后，是树把他们的情感融合在一起了。

师：还有谁要说吗？那换成：屋有象笏，吾祖所留也，今已破败不堪矣……可以吗？（停顿15秒左右）我这样子改可以吗？

生7：如果最后一段写象笏的话，就觉得作者只在意考取进士、为了功名，给人感觉作者只是一个追求名利的人，文章采用的表达更有人情味，可以感受到归有光是个真实、有情感的人。

师：你用了一个非常好的词——真实，这是一个真实的人，这是一个活生生的有情有义的人，而不是一个专门为了功名利禄而奔波不息的人。同学们，都同意这个观点吗，给她鼓鼓掌好吗？（生鼓掌）

同学们，要想写好散文，"真实"非常重要，做人也一样。（板书：真实）。最后一段写枇杷树，就是在写妻子，写下对妻子的感情。斯人已去，徒留枇杷树于庭，今已亭亭如盖矣，不知道同学们能不能感觉到这种最真挚的情感，这种情感不是直抒胸臆而来的，而是通过写景来倾诉的，这种写作方法叫"以景做结"。先前都没有人这么用过，归有光是首创，所以鲁迅说其对现代散文的影响是不可估量的，指的就是这一点。好，同学们非常棒，这个问题实际上是有点难度的，我其实想把他留到最后解决的，没想到，同学们先解决了。

五、研析课文 —— 明确散文的特点：寄情于人

▲问题解决：补写妻子的段落好像与全文有点不协调，文章写的是项脊轩，为什么要写到妻子呢？

师：接下来我们解决哪个？（生答：第三题）好，继续讨论，也是四个人为一小组，这个问题讨论的时间应该短一点。

（生讨论3～4分钟）

师：很明显，这段话是作者后来补记的，作者为什么补了关于妻子的内容呢？

生8：我觉得可能是他看到那个枇杷树，想起了妻子，故而补上。

师：看到枇杷树，就想起了妻子，我们已经讨论过，我现在问的是：为什么要补妻子的事情，不补行吗？

师：谁思考好了，这明明是写项脊轩，跟妻子有什么关系吗？

生9：我觉得妻子跟项脊轩是有关系的，妻子在，他的保姆、母亲也在，这个房子里有故事，有作者美好的过去，所以打包起来一起写。

师：前面已经写到了这两个重要的女人，如果妻子是爱情，那另外两个是什么情？（生答：亲情）这样就完整了，知道吗？

很多学生发出"哦"，豁然开朗。

师：所以写项脊轩并非真的只是在写一个轩，它实际上是在写人，这就体现了散文写作的一个重要的特点——借物写人。

（板书：借轩写人，以人展情）

师：你们看，第三个问题又解决了，现在只剩了两个了，我们先解决哪一个？

生：第二个

师：好第二个，先读一遍这个文段。

（出示PPT，生齐读）

> 家有老妪，尝居于此。妪，先大母婢也，乳二世，先妣抚之甚厚。室西连于中闺，先妣尝一至。妪每谓余曰："某所，而母立于兹。"妪又曰："汝姊在吾怀，呱呱而泣；娘以指叩门扉曰：'儿寒乎？欲食乎？'吾从板外相为应答。"语未毕，余泣，妪亦泣。余自束发，读书轩中，一日，大母过余曰："吾儿，久不见若影，何竟日默默在此，大类女郎也？"比去，以手阖门，自语曰："吾家读书久不效，儿之成，则可待乎！"顷之，持一象笏至，曰："此吾祖太常公宣德间执此以朝，他日汝当用之！"瞻顾遗迹，如在昨日，令人长号不自禁。

▲问题解决：写屋子，为什么用了大量的笔墨写老妪和"我"的谈话？为什么作者与老妪谈话时，老妪和"我"都"哭"了，为什么会哭呢？

师：这个问题我们不用讨论，可以直接回答。谁来说？

我们先用来回答第一个问题，写屋子为什么会写到这两个人身上去，这个问题好像已经解决了吧？（生答：解决了）跟那个一样，以人展情对吗？（生应答：

正确）

师：好，回答第二个小问题：为什么"语未毕，余泣，妪亦泣"？为什么"我"哭了，她也跟着哭了，是什么原因让她哭了，或者从哪里可以体会到"我"为什么会哭？

生10：因为他在谈话的时候想到自己去世的母亲就哭了。

师：能不能结合文本细节，说一说真正触发他的是什么东西。

生11：我觉得是他的母亲对他的关心，让他很怀念。

师：我倒觉得这个母亲不好。为什么呢，小孩饿了就进来给他喂奶，她却只是在那里以指叩门扉，什么叫以指叩门扉，"以"什么意思？"用"的意思，"叩门扉"什么意思？就是敲门的意思，轻轻地敲"儿寒乎？欲食乎？"（表演敲门）孩子冷吗，是不是想吃东西啊？那时候她抱着其他孩子，在门外问是不是饿了，你进去给他喂奶就好了！这才是真正的爱啊，就在那里敲敲门，问个话，这不是没亲情了嘛！是不是？

生12：我觉得他母亲在他很早的时候就过世了，所以到现在，他对母亲的记忆也不是很多，然后妪就讲了一件他很小时候的一件事情。我觉得，作者他自己印象也不深了，听到这件事，他就回想起他跟母亲那些温情的往事来了。作者与母亲虽然接触不多，但他跟母亲的这一幕，他能自己想象出来，然后他就觉得很感动。

师：给他鼓鼓掌，他注意到两个细节，第一点，母亲在他很小的时候就去世了，可能跟母亲有关的记忆不多；第二点，他跟母亲之间的这种亲情的举动肯定还有很多，但是因为小，而且母亲去世得早，估计想不起来了，这个镜头可能让他印象非常深刻，所以妪一讲的时候他就哭了。你们能理解到这个程度，很不错了。当然，也有人在怀疑，说去考证了，会不会他母亲已经感冒了呢？你们觉得有可能吗？你母亲感冒的时候医生都告诫什么，不要交叉感染，是否？孩子饿了，但你不能给她喂。只能站在门外问，孩子饿了没有，冷吗？有没有可能？有人就去考证，去读他的文章，还真的找出证据来，说其时两个小孩子都还很小，这个喂奶，那个喂奶，奶水不够，这是其一；其二是当时两个人身体都不好，至少有一方身体不太好。妪讲的话就勾起了所有对母亲的怀念，所以他说"余泣，妪亦泣"，这个泣声里边，对母亲的回忆情感就出来了。

生表示接受。

师：好，很棒，解决最后一个问题，那为什么下边"长号不能自禁"呢？

生13：我觉得是因为归有光还没取得成就，他们就去世了，没看到归有光有成就的那一天，所以就感到很难过，还没有报答他们，他们就去世了。

师：你这段话让我想起史铁生的《我与地坛》中的一段话来：在我的头一篇小说发表的时候，在我的小说第一次获奖的那些日子里，我真是多么希望我的母亲还活着。我便又不能在家里待了，又整天整天独自跑到地坛去，心里是没头没尾的沉郁和哀怨，走遍整个园子却怎么也想不通：母亲为什么就不能再多活两年？为什么在她儿子就快要碰撞开一条路的时候，她却忽然熬不住了？

很多人的情感都是一样的。

生14：有愧对于祖母的期望。

师：这个"愧"说得很好，古代的男人往往都有一种强烈的责任感，希望光宗耀祖，甚至为此不惜多次参加科举考试，乃至白发苍苍。归有光考了多少次？

生（众人）：8次。

师：考了8次，都考不上哦，一直考到60。你们想到什么？我打个比方，你们考大学，没考上，复习一年，再复习一年，考了8次都没考上，你们爸爸妈妈眼睁睁地盯着你，是一种什么感觉？写这篇文章的时候——祖母已去世了，父母也去世了。这种感觉不知道同学们，是否能体会得到。

所以文章中为什么后面是"号"前面是"泣"，我觉得这两个词的程度是不一样的，因为，"泣"是什么？

生（众人）：是对母亲的怀念。

师："号"是什么？

生（众人）：愧对。

师：愧对自己的家庭，觉得自己没有担当起这个家庭的责任，是不是这样子？问题是他为什么这样想呢？因为他这个家庭遇到问题了，你们有没有发现？课文中是怎么说的？

生（众人）：久不效——

师：久不效，没人出仕，而且更要命的在这段文字"然余居于此，多可喜，亦多可悲"，后面有一段，同学们读读看：

（生齐读）

先是庭中通南北为一。迨诸父异爨，内外多置小门，墙往往而是。东犬西吠，客逾庖而宴，鸡栖于厅。庭中始为篱，已为墙，凡再变矣。

师：好，这里有句话，"庭中始为篱"，"始"什么意思？（生：起初）"已为墙"，"已"又是什么意思？（生：不久）"凡再变矣"，好，你们想到了什么？你说。

生16：分家了，家里人都分出去了。

师：那作者跟这些人有关系吗？

生16：有，都住在一个大房子里面。一个大房子里面，分割墙都砌起来了，大概就是能见面，但是不能说话的那种状况。

师：那跟他"长号不自禁"有关系吗？

生17：一开始"庭中通南北为一"，就是说整个房子是很大的，等到伯父叔父们增加以后，房子是越来越小，心里也就越来越堵。

师：归有光在这里用一个词——可悲，是不是？这有什么可悲的呢，分就分了嘛。这里其实涉及一种古代风俗：古人非常讲究几代同堂，不喜欢分家，一个大宅院，整个大家族都住在一起，其乐融融，但是今天归有光的家族分成一小块、一小块、一小块……在这个家族越来越不好的情况下，总得有人要承担起重振这个家族的希望，是不是？谁来承担？

生（众人）：归有光。

师：他做到了吗？

生（众人）：没有。

师：写这篇文章的时候，他还不知道自己还能不能最后考取功名，所以看到这个东西，他用"号"过分吗？

生（众人）：不过分。

师：用"泣"能表达吗？

生（众人）：不能。

六、研析课文——明确散文的特点：寄情于物

▲问题解决：文章中，项脊轩一会儿称为"室"，一会儿称为"轩"，是不是作者随意用的？

师：好，最后一个问题，项脊轩一会儿写成"室"，一会儿写成"轩"，是不是作者随意用的？你看一下，哪里之后开始称为"轩"？

师："余自束发"后称"轩"，前面都称为"室"，但是最后又称为"室"，有没有讲究？作者为什么这样来处理？

师提醒：我这里提醒一下，"室"就是一个房间，"轩"的意思是带有窗子的房间，但是我发现，他有了窗子以后还是称"室"……有同学要说了，你说。

生18：我觉得是伴随着他情感变化而变化，"轩"他是带有自己情感，比较喜欢这个地方；"室"他就是觉得这就是一个屋子而已。因为妻子死了以后，他就觉得这个轩里没有跟他共度一生的人了，所以，就变成没有感情的"室"了。

生19：他的妻子是后面补记的，但是从"轩"变"室"是在他妻子之前写的，所以跟他妻子没有关系。

师：同学们，有没有关系？他可能有一点是对的，室坏不修，妻子走了以后，人去楼空，这已经不是"轩"了，他又回到了"室"，说明这个轩里有"讲究"，什么"东西"在里面？

师：当他有亲情、爱情、有理想在的时候，这个地方就是最好的地方。所以刚才的同学（指生18）回答很到位了。我们回到开头第一段看看，刚开始称为"室"，为什么成为"室"，好，我们读一下：

> 室仅方丈，可容一人居。百年老屋，尘泥渗漉，雨泽下注；每移案，顾视，无可置者。又北向，不能得日，日过午已昏。

师：原来称"室"的时候，室有什么特点？

生：破、小、旧、漏。

师：很好。下注就是下灌。所以这个时候称为"室"不为过吧？但是后面稍微修葺一下，有了亲情、爱情、理想的"室"是这个样子的，我们读一下：

> 前辟四窗，垣墙周庭，以当南日，日影反照，室始洞然。又杂植兰桂竹木于庭，旧时栏楯，亦遂增胜。借书满架，偃仰啸歌，冥然兀坐，万籁有声；而庭阶寂寂，小鸟时来啄食，人至不去。三五之夜，明月半墙，桂影斑驳，风移影动，珊珊可爱。

师：这就是作者为什么会感到房子可爱之处的原因。这段话是要求同学们背诵的，但现在没时间了，同学们课后去完成。

七、总结全文 —— 明确散文的关注点

师：现在我们总结一下，"明文第一"实际上是有原因的，写项脊轩不是最

主要的目的，写轩是为了写背后的那种情和那些人。同学们记住，学习散文，实际上要关注的是两个东西：第一，这篇散文抒发了什么情感。我们刚才都在研究——家庭破败的愁苦、居于此的亲情和爱情给他带来的快乐、不能复兴家族的痛苦；其次，阅读散文还要关注散文背后的那些人。在我们镜头里面看到的归有光，是怎么样挣扎在自己的责任和人生情感之中的，他让我们看到了一个非常真实的人，因为真实才会打动人，这是最重要的。

所以项脊轩对作者到底意味着什么，意味着这是他人生路上的一个理想之地，这里有他想要的一切。其实，我们每个人心中都有一个项脊轩，如果我们把它写出来，一定是最好的文章。

下课，谢谢同学们！

板书：

真实：	借轩写情，以物载情
	借轩写人，以人展情
	以景作结，以物托情
散文：	背后的情，背后的人

第三章　让教学变得简趣

第一节　简单有趣：让教学可爱有效

在从事语文教学的几十年中，我有过深深的教学困惑。

从教的头几年，语文课程改革还没开始，我常常困惑于语文教学内容的选择。语文教学内容的不确定性，成了我们这一代语文教学人共有的困惑。面对语文教学内容选择纷杂无定（多凭教师个人的能力决定）的特殊性，我们在语文教学内容选择的路上，无师自通地创造了一套教学内容的确定办法——教字音，教内容概括，教中心思想，教作品的现实意义等等。与之相应的，我们也无师自通地创造了一套应对的教学办法——课堂怎样导入，怎样突破，怎样兴起高潮，怎样总结。模式化的内容，模式化的教学方法，带给我们的是教学内容的固定化，教学方式的标准化。

问题在于，我们并没有觉得这样的教学有什么不妥，一直觉得那就是语文教学的本来面目——并且孜孜不倦，乐此不疲。

其实在20世纪80年代末和90年代初期，也有很多名师们在报刊上呼吁，在各种场合展课，告诉我们这样选定教学内容是不适宜的，告诉我们教学方法不要僵化，要创新。不过那时，名家不像现在那样多，也没有特别便捷的信息传播技术，对于一线教师，他们的呼声是个遥远的存在。故而，在语文教学的世界里，像我这样草根般地存在，草根般地自学成"才"，形成自学成"师"、自成教学"风格"的教师遍地都是，我们成了教育洪流中一道最为特别存在的"风景"——无畏，无知，自信，又觉得责任重大，孜孜不倦地教学。

90年代的后半时期，语文界兴起了对语文教学的大讨论。中学语文界的几位大咖们的疾呼厉言似乎催醒了很多语文人。在这样的背景下，全国各地一下子便冒出了很多名家，他们都借着新课程改革的东风，以公开课的形式在舞台上展现了自己的教学理念，展现了自己对语文教学的思考。

这原本是好事，但现实的情况是，我们一线教师却反而变得更加手足无措——名家们精彩纷呈的教学理念，复杂多变的教学手段，毫不夸张地说，彻底搅乱了我们的语文教学观念。公开课的手段越来越丰富，信息技术早已成为最重要的炫技。名家们"花样百出"的教学展示，"出人意料"的解读等等，让我们第一次产生了恐慌——我们知道了自己以往教学的不妥，名师们重新让我们站在了教学的十字街头。这一次我们虽然有了更多的选择，有了更多的教学借鉴，但我们更加迷茫了！

是的，也许我们走得有点远了或者走偏了，但多少年轻的教师已经在这样的氛围中成长起来了，他们早已视这种状况为正常，视名家的展课方式为常态。于是乎，课堂越来越热闹了，教学效率却越来越低了；解读越来越深刻了，课堂却越来越具表演性了。其实，很多教师早已发现了：课堂的漂亮已经无法改变教学效率的低下，甚至还不如以往那种僵化教学的效果了……

在高中，有学生放言：高中学不学语文都一样，甚至越学越差……

在高中，有教师放言：高中的"高"，高在哪里？和初中语文教学的区别在哪里？

我们的课堂教学一定出了问题了。

显而易见，课堂教学出了问题，无非是两个方面的内容：一是教学内容，二是教学方式。针对于此，我们不妨来思考几个问题：教学内容那么多，是否有核心教学内容？如果有，那么课堂教学的核心内容是什么？它又怎么来确定？教学方式有问题，那么主要存在的问题是什么？是教师？是设计？还是学习对象？在语文教学的背后，我们是不是忽略了什么？

结合自己的教学经验，归纳起来，我发现其实主要是两个问题：

一是文本教学核心内容选择的偏差。一个文本，可以用来实施教学选择的教学内容很多，文本本身的丰富性决定了教师选择的多样性。一个文本，可以教主题，可以教语言，可以教技法，可以用作作文素材……在某种程度上来说，语文即教师本身，有什么样的教师就有什么样的教学处理，但我们都知道，在选择教学内容的时候，教师也不能"天马行空""为所欲为"。教师在选择教学内容时，必须要综合考虑到时代、专题、课程、文本本身和学情等综合性的因素，然后才能选定最值得我们教学也最应该被教学的内容。这个最应该被教学的内容，我称之为"文本的核心教学价值"。"文本的教学核心价值"常常具有这样的特点：

它是这个文本最为突出的"这个",有着与众不同的文本特点。

它是某一类文体的经典,它的解读教学可以提供某种典型的经验。

它是最能接近促进学生思维发展、核心素养能力提升的典型材料。

在梳理归纳"核心教学价值"的真实操作情境中,我们可以简单地理解为"教材的原始价值""教材的教学价值""学生的认知价值"的相交点,是各种因素平衡后的教学选择(当然,也存在着因为特定目的而做的选择)。

但在现实教学中,情况远没有这么简单,真实情景比我们想象的要复杂得多。很多教师对文本的解读不可谓不"深刻",很多教师的教学内容选择不可谓不"创新",但我们发现这些"深刻""创新"的内容并不是该文本的教学核心价值所在,也就是说,教学出发的时候,出发点就出现了偏差。我觉得如果我们教学的出发点就错了,必然会导致出现"差之毫厘谬以千里"的情况。综观时下的很多课堂教学,大家是不是发现其实每一篇课文的教学都是差不多在某些教学内容上打转,而没有体现出"这一篇""这一章"的特点,也就是没有展现出这一篇文本的独特价值。新课程改革仍然没有走出"僵化固定"模式,时间并没有在本质上改变教学多少。

二是教学实现的方式选择过于复杂。为了更好地展示教师的教学技能,我们的教师在教学引导中,常常是"无所不能""无技不用"。特别是公开课,上课教师恨不得把自己所有的"技艺"都用上。设计一个漂亮异常的导语,其实原本两三句话就可完成;为了导出一个结论,教师反复来,反复去,七弯八拐,最后才抛出结论,目的不是为了抛出结论,教师的目的是展示自己高超的引导艺术。教师在展课的时候,太过于注重如何引入,如何激趣,如何造成一波波的课堂高潮,其实这些手段大大地冲淡了教学的质量,使得我们把目标达成的重点移到了教授手段的花样的选择上了(窃以为这是当下公开课的一个很明显的弊病)。

基于以上的认识,我提出了自己的认识和看法,那就是"简趣"。

"简"就是"化繁为简"——"用较简单的方式教授文本的核心教学价值"。教学方式简单,文本教学内容直接明了有效。

"趣"就是"巧思趣引"——"用较巧妙的方式激发学生的学习获得兴趣"。教学设计巧妙,巧妙的设计能激发学生学习兴趣。

在"简"中,"文本核心教学价值"是"教什么","较简单的方式"是"如何教"。

在"趣"中,"较巧妙的方式"也是"如何教"。所谓的"简趣"其实涵盖了"教什么"和"如何教"的两个课题。提倡这种观点,是为了解决在平常的课堂中很多人为上课而"上课",为展现教学艺术而"艺术",但实际上教学效度依然低下的问题。

下面以《边城》为例来具体阐述我的教学观点。

我们来看一节比较常见的《边城》课教学,我们试从"文本解读深度""学生分析归纳能力的培养"的角度,来看一下教学中的内容选择和教学实现的能力深度。

××教师的《边城》教学简案

教学流程	分析角度一			分析角度二		
	了解文本	一般解读	深度解读	分析能力	归纳能力	能力等级
一、《边城》说了什么?(10分钟)	▲				▲	初级
二、本文主要写了哪些情节?(3分钟)	▲				▲	初级
三、分析翠翠、祖父和傩送的人物形象。(10分钟)		▲		▲		初级
四、你最喜欢谁?并说一说喜欢的理由。(10分钟)		▲		▲		初级中级
五、你怎么看待《边城》所展现出来的美?(7分钟)			▲			初级中级高级

分析我在表格中的罗列项目,大家可以发现:本堂课的教学核心在于第三、四两个步骤,第一、二个步骤是为"引子",第五步是"课堂的深化"。对于教学内容的选择,教师的把握基本上还是正确的。但我们也可以发现所存在的几个教学问题:

一、引子太长,没有体现课堂的效率

教师用了10分钟来介绍《边城》说了什么。《边城》说了什么固然是要教的,但教师完全可以优化。教师可以把此环节移到预习的环节中,这样就可以留出更

多的时间来完成三、四、五步的内容，使课堂更加高效。

二、教学内容的选择大众化，没有体现"这一篇"

第三、四、五步的内容固然是要教的，但我们要考虑的是，哪个才是文本的核心教学价值所在呢？教师的理解、教案的设计都比较常规性，或者换一种方式来说，这样的课堂设计无论出现在那一种教材的版本中都是一样的。选了《边城》（节选）的教材有人教版、苏教版和鲁教版。我们都知道，不同的教材版本有不同的要求，也即有了不同的教材价值。具体到苏教版是这样规定的："环境美（风景美、风俗美和人情美）的鉴赏是《边城》的教学重点。可通过天朗、风轻、水清的环境描写体会湘西山城安静活泼、生机盎然的风景美，通过月夜对歌、龙舟竞渡、端午捉鸭、中秋舞龙耍狮等风俗画笔体会湘西的风俗美，通过单纯善良、原始可爱的老船夫、翠翠、傩送等人物形象体会《边城》的人情美"（《学科指导意见》中教学建议）。这样看来，所展示的课例《边城》的设计并没有展现苏教版的要求，我们没有看到适合于苏教版教学要求的个性内容选择。

三、课堂的高效高度依赖教师，没有考虑到学情

大家可以看到课堂的第四步是教师带领学生进行对课文的解读展现，能力等级属于初级或中级，这样表述的意思是说教师引导得好是中级，引导不好，课文解读则会流于表面化，能力的培养等级就是初级。课堂教学的第五步是课文的深度解读，可以说是触摸到了文本的核心教学价值，是本节课的重心内容所在。但从表格中的时间来看，教师只用了7分钟，点缀的性质比较浓，是属于课堂的拓展内容，不是课堂的主要内容。但这7分钟我觉得也要取决于教师的引导，从而使学生的能力形成有所区别。只有引导得好，才有可能形成培养学生的高级能力。

综合以上的分析，我们发现，该课堂主要存在的症结是：

一是选择教学核心内容还存在着问题。（教什么）

二是教师的教学流程还存在着问题。（怎么教）

三是教学没有个性。（怎么教）

针对于此，我在这里结合自己的"简趣"语文观来阐述《边城》的处理，以供大家思考，引发讨论。

一、"简"

"简",先要说清两个概念,一是"核心教学价值"是什么?它是怎么研判出来的;二是"较简单的方式"是什么?它是如何选择的?如果具体到《边城》中,那就是《边城》的核心教学价值是什么?如何教授方是简单高效的方式?

(一)核心教学价值的确定——明确、准确

文本一般有三个价值,那就是"原始价值""教材价值""教师价值"(有时候还要加上学生的认知价值)。在现实的语文教学中,高校的专家往往集中到"原始价值"上,编辑专家们则集中到"教材价值"上,而一线教师往往看到的是"教师价值"。我们所说的核心价值指的就是融合三者关系的价值而产生的教学内容。

现在我们来看一下"核心教学价值"的形成过程:

1.文本的原始价值——《边城》的原始价值。小说展现了一个远离世俗社会的人间"情"的天堂,"美"的世界。在这里,我们可以看到三美:风景美、风俗美、人性美。从创作的角度来看,沈从文提出了"本于自然,归于自然"的创作原则,"健康、优美、自然"是他的全部创作要负载的内容。

2.文本的教材价值——《边城》的教材价值。专题的要求是"永远新的旧故事",围绕专题的要求,《学科指导意见》列出了教学目标:"从自然、社会和风俗习惯等方面鉴赏小说《边城》的美感""体会沈从文对边城的风景美、风俗美与人情美所作的理想化的表现"。

3.文本的教师价值——《边城》的教师解读。《边城》的"美感"在于一种"隐喻之美"(本人自己的解读,这种解读因人而异)。这种"隐喻之美"表现在"风俗美""人情美"中,沈从文正是有了这种"隐喻之美"的运用,才使《边城》有了"流芳百世"的可能。为了更好地传达这种"隐喻之美",作者刻意选取了"端午节"(这是一个让人浮想联翩、展现男性阳刚之美的节日)来安排男女主人公的见面。

4.核心价值的形成——《边城》的核心价值的确定。我们简化一下,构成核心价值的三个元素分别是:

原始价值:风景美、风俗美、人性美;创作原则。

教材价值:小说如何展现"三美";体会理想化的表现。

教师解读:隐喻之美。

就一般的原则来说，核心价值要尽可能找出这三者的共同处来进行确定。因为只有兼顾各个方面，又具有个性化处理的特点，才可能更加符合文本的解读。按照这样的做法，我们可以得出《边城》的核心价值就是：小说如何展现"隐喻之美"。这个定位兼顾了原始、教材价值和教师的解读。

解决了这个问题后，我们来看一下教学方式的选择——"用较简单的方式"教授是如何确定的。

(二)课堂教学方式的确定——简单、明了

我们试着来比较一下三个《边城》的课例。这里我把课例二作为"较简单的方式"的标准来说明我的观点。

课例	程 序			时间(分)	课例相比分析
课例一	《边城》故事简介			10	引导过长
	课文熟悉			5	
	课文分析	人物形象分析		7	
		小说主题分析		8	
	小说技巧分析			10	
课例二	课前预习《边城》的内容				标准
	小故事引入			2	
	课文分析	人物形象分析		14	
		小说主题分析		14	
	小说技巧分析			10	
课例三	课前预习《边城》的内容				枝丫太盛
	小故事引入			2	
	课文分析	人物形象分析	写好人物形象都要注意什么问题？书中哪些人物给你留下了深刻的印象？	6	
			本文中哪一个人物塑造得最成功？	8	

续表

课例	程 序			时间（分）	课例相比分析
课例三	课文分析	小说主题分析	小说的主题是什么？	8	
			这个主题让你想到了什么？	7	拓展过长
		小说技巧分析		10	

所展示的三个课例的流程基本上是相近的，这里确定把课例二作为能以较简单方式直达教学核心价值的标准。我们再来比较课例一和课例三，通过比较，我们发现课例一和课例三尽管在教学核心价值确定方面是没有问题的，但这种教授流程的安排还是对如何更集中、更有效地进行课堂教学产生了伤害。我一直认为，我们的课堂时间不多，教师必须把教学时间集中到课堂教学的核心内容上。懂得了这个道理，我觉得可以让大家明白：为什么有时候我们很享受某人的课堂，但在结束时却突然发现实际上他所教的内容就是一点点，而且是原本可能只用几句话就可以解决的——就可以明白为什么很多名师在上完课后还要补充大量的练习才能保证学生的成绩。其最主要的问题就是把课堂的教授方式复杂化了，这种复杂化为他们的课堂教学艺术带来了赏心悦目的表面效果，但实际效果却因此大打折扣。语文课受到"漂亮但没学到多少东西"的批评似乎也是很自然的事情。

当然，这里也有一个问题，那就是如果都像我所说的那样，用较简单的方式来上课，这样的课固然会有实效得多，但不一定会受欢迎，因为"较简单的方式"往往意味着"直白"和"枯燥"。所以我又提出另一个字"趣"，两者相辅相成，共同构成我们的课堂教学。

二、"趣"

提倡"趣"是基于学情的考虑。一堂高效的课是不可能忽略学情的。用"较简单的方式"展现教学"核心教学价值"，但它并不是越简单越好，因为只是考虑简单化地直达教学核心内容，往往会出现很直白的状况。所以，考虑到学生年龄的特点，我觉得教师在做到"简"的同时也要做到"趣"。所谓的"趣"并不是课堂的调剂品，更不是取闹，不是媚俗，而是为有效的课堂教学服务的，它是有价值取向的，它能为课文的理解和学生的兴趣找到一个最佳的结合点，这种结合最好能贯穿全堂课的教学实施。

因此，备课时应该思考两个问题：一是这篇文章的兴趣点在哪里？二是兴趣点如何和核心教学内容结合起来。

以《边城》为例，我们先分析一下，文本可能有哪些兴趣点。在实践中，我发现有以下几个点可以成为"兴趣点"：

1. 《边城》故事简介，爱情故事能打动人。

2. 课文中插图用木刻画让人物"丑陋"化（实际上更加契合人物形象）的分析所产生的效果。

3. 翠翠与傩送的对话。不着天、不着地的少男少女对话方式所展现出来的美好画面。

4. 朦胧的不知所措的爱恋萌芽情节及细节的描写。

我们要对兴趣点进行分析，因为并不是所有的兴趣点都是适合教学要求的，比如兴趣点1，就是前面所举的课例一中的导言，已经被我们否定。后经调查发现学生最感兴趣的是朦胧的爱情描写，于是我考虑能不能在这一点上做一些设计。后来我在课文介绍《边城》主要内容的注解文字中，看到了一个"情窦初开"的词，我突然想到，可以利用这个词来设计文章的主问题。以下是我的兴趣点设计：

师：《边城》说了什么故事？

待生说后一起读注解。

师：故事很美吧？可这个故事让沈从文饱受批评。在民族危机的关头，美化了社会，作品被批为"是一部远离阶级斗争的作品"，作者被称为"在角落里独自做着美梦的小资产阶级"。

师：看注解，本节选内容可以用注解中的哪一句话或哪一个词来概括？（有概括全文内容的意图）

情窦初开（板书）

师：描写"情窦初开"的小说有千千万万，我们却为什么被沈从文的《边城》感动呢？今天我们就试着来探讨一下这个问题。

师：我想问同学们，"情窦初开"一般要跟什么有关系？

（年龄、地点、对象、环境）

> 教师提示：可以用这句话来表示——
> "在合适的年龄，合适的地方，合适的时间，碰见合适的人"。

这样一来，我们得到了整堂课贯穿到底的一条主线。合适的地方分析边城的"风景美"，合适的时间分析"风俗美"，合适的人分析"人性美"。通过这样的设计，使得学生的兴趣和文本的教学核心内容串连起来，达到了很好的教学效果。

为了更加直观方便，在具体的备课和操作中落实"简趣"教学的理念。我设计了两个表格。一是"备课引导表"，用于在备课时，提供备课所用的几个指标，供教师对照备课。二是"'简趣语文'备课教案样张（模板）"，用于替代平常的备课本，构建自己的备课形式。它特别增加了"核心教学内容"和"简趣问题"两个栏目，试图在备课环节中建立教师的"简趣教学系统"。为了更好地让大家明白具体的操作，我仍然以《边城》为例展示一个教案样本，以供教师们参考。

表一　备课引导表

要求	目标	考虑的要素	得到的指标	本文的具体内容
简趣	核心教学价值归纳的路径	教材价值	本文的核心教学价值	
		教师价值		
		认知价值		
	教学切入点和引导的方式	简单	本文问题的设计	
		激发学生兴趣		

表二　"简趣语文"备课教案样张（模板）

课　题		上课者	
核心教学内容			
教学目标			
教学重点			
教学难点			
简趣问题			

教学设计	
教后反思	

表三 "简趣语文"备课教案样张

课 题	边城（节选）	上课者	周康平
核心教学内容	小说如何展现"隐喻之美"。		
教学目标	1.体会沈从文的《边城》中的风俗美、人情美。 2.了解翠翠的"情窦初开"跟作者的环境描写、人物选择和描绘有关。 3.理解"人性之美"的"隐喻之美"在小说中的独特表现。		
教学重点	文章是如何去展现"人性之美"的。		
教学难点	文章是如何去展现"人性之美"的。		
简趣问题	总问题：描写"情窦初开"的小说有千千万万，我们为什么单单会被沈从文的《边城》感动呢？ 1."情窦初开"一般要跟什么有关系？ （"在合适的年龄，合适的地方，合适的时间，碰见合适的人"） 2.分小组探讨"地方怎么合适？""时间怎么合适？""人怎么才合适？" 3.给人温暖的作品，最后为什么被处理成悲剧？		
教学设计			

一、导入。旅游以"翠翠"故事吸引游客。一部《边城》养活了整个凤凰古城，"美"与"爱"是主题。（板书：美 爱）

二、了解故事梗概，了解故事背景。

师：说了什么故事？

待生说后一起读注解。

师：故事很美吧？可这个故事让沈从文饱受了批评，在民族危机的关头，美化了社会，作品被批为"是一部远离阶级斗争的作品"，作者被称为"在角落里独自做着美梦的小资产阶级"。

续表

课　题	边城（节选）	上课者	周康平

师：看注解，本文是那一句话？　情窦初开（板书）

描写"情窦初开"的小说有千千万万，我们为什么单单会被沈从文的《边城》感动呢？今天我们就试着来探讨一下这个问题。

我想问同学们："情窦初开"一般要跟什么有关系？

（年龄、地点、对象、环境）

（教师提示：可以用这句话来表示"在合适的年龄，合适的地方，合适的时间，碰见合适的人"）

三、了解边城的环境

▲合适的地方

师：合适的年龄就不要说了，合适的地方。我们来看一下为翠翠和傩送种下情苗的是一个怎么样的地方？是怎样的一种爱情土壤？

1. 自然环境（本选文没多去写，但我们可以看到那边的一些景物"吊脚楼""码头""山""小城镇"）——板书：风景美

2. 人文环境

读课文，体会风俗美——板书：风俗美

师总结：这种环境就是翠翠生活的背景。也是她爱情产生的地方。

问：从另外的一个角度来说，其他的环境（如革命年代战火纷飞的战场）也是可以产生这种爱情的土壤的，但沈从文为什么把人物置于这么美的环境中呢？是不是他有特殊的目的？

师：沈从文在他的一篇文章中说过：美，是我一直在意的，如果爱能在美中产生而不是通过刻意的安排来展现，则会显得更符合人的本性。

▲合适的时间

师：为什么在三大节日中，沈从文只选择了端午节？而不选择"中秋"和"过年"？

（学生答不出来，引导端午都安排什么节目？端午是"竞争"展现"男性之美"的重要节日；引导学生读课文，了解那是湘西的一个重要的节日——恋爱季节）

读课后练习金介甫的评语来体会

> 秋天不但是收获的季节，也是结婚的季节。翠翠的感情成熟靠一年一度的端阳划龙船来显示，端午节划龙船人人竞争，令人想起古代的楚国。沈从文用这个来描绘翠翠的爱情觉醒，但与历史上的屈原毫无关系。他把这个节日同中国西南地区青年人的恋爱求偶季节联系起来，虽然他写的是当地人和自然的特殊风俗，但沈把自然加以人格化的写法，使得他的作品完全具有中国气派，没有一点西方的色彩。

总结：如诗如画的湘西，深深地打动了人，展现的是一种人格化的自然人性之美。这种美主要表现在端午节上的展现"男性之美"，这种"男性之美"为打动少女的心扉提供了一

续表

课　题	边城(节选)	上课者	周康平

种"隐喻"——这种独特的小说的隐喻美感(板书:隐喻之美),吸引千千万万的读者每年都到边城朝拜。这就是沈从文小说独特的魅力——别人所没有的东西。

四、了解傩送(分析见面的片段)

▲合适的对象

师:现在我们来看一下他们在爱情产生的最初时刻所碰到的人。他们的见面我觉得也很一般,但从文章后面情节的发展来看,这个时刻的见面实际上已经是"刻骨铭心"。我们一起来看一下,作者是怎么样去写他们的爱情故事的?

他们的交流主要是对话,我们来看一下他们的对话,请学生男女对读12~25段。

师:从对话中,你觉得是什么让两颗心彼此贴紧?或者说,彼此都喜欢上了对方的什么?

教师可以换句子来引导

翠翠

> "我是翠翠。"——应该是"你是谁?"——内心极其着急,希望能有人认识她。(板书:纯真)
> "他不会,他答应来找我,就一定会来找我的。"——换成:不要乱说,你才喝醉了酒呢。
> "以为欺负了她,就轻轻地说:你个悖时砍脑袋壳的!"——骂人骂得好可爱哦!(板书:可爱)

傩送

言行(带笑说、放肆地笑了等细节)分析——纯朴 幽默(带笑)

在分析傩送的性格时插进沈从文的话,引导学生理解他的性格("我崇拜朝气,欢喜自由,赞美胆量大的,精力强的……这种人也许野一点,粗一点,但一切伟大事业、伟大作品就只这类人有份。")。

(联系插图,明白为什么选择木刻的原因,主要是为了体现这种原始自然的美。)

总结:如诗如画的见面,含蓄却令人心动,这种婉约经典的场面,带着古典东方的爱情美,展现了一种人性之美,没有任何的功利。这种独特的爱情,也是边城为什么被青年男女们一遍一遍地咂摸的原因。这样的故事,让人很羡慕和感动,在今天还是有意义的。我们来看看今天的"拜金女"们,"宁可坐在宝马车里哭泣,也不愿坐在自行车后幸福",前者显得多么让人怀念。我记得有一部电影叫《山楂树之恋》,它被称为世上最纯洁的爱情。为什么一个故事会引起那么多的怀念,就是因为在我们现实生活中,缺少这种故事。同学们看一下,我们书本左侧的"永远新的旧故事",明白这几个字的意思吗?

课　题	边城（节选）	上课者	周康平

现在我们是不是能了解沈从文小说的魅力所在了？正是在这种近似绝迹的环境中有着近似绝迹般的爱情描写，造就了《边城》的魅力。或者说，沈的成功恰恰是因为避开了常见的表现爱情的描写，选取了从"人性"的角度来表现一种"深层的文化隐喻之美"（板书：人性之美）。这在阶级斗争的年代，确实是不能被人所容忍，但它所散发出来的东西却是永远的。

五、师："在合适的年龄，合适的地方，合适的时间，碰见合适的人"，情窦初开的翠翠终于发生了很大的变化。节选小说还有一个很值得大家去欣赏的地方，那就是对翠翠喜欢上傩送后所带来的变化的描写，请同学们找出来，读一读。

> "但是另外的一件事情，属于自己不关于祖父的，却使翠翠沉默了一个夜晚。"
> "留下一个热闹的印象，但这印象不知为什么原因，总不如那个端午节所经历过的事情甜美。"
> "翠翠虽装作眺望河中景致，耳朵却把每一句听得清清楚楚。"
> "翠翠还正想起两年以前的端午节的一切事情哪。"
> ……

师：这种少女心扉初开的害羞，这种害羞所展现出来的美感，它只属于一个少女，属于15岁的翠翠，属于一个情窦初开的心灵世界。它是那么的忧伤却显得甜蜜，这种感觉可以超越时光，抵达我们的心灵世界，给我们阅读的快感。反观今天的爱情快餐，我们在情感中还剩下什么呢？其实，我们每个人的内心深处都有一座边城。

六、给人温暖的作品，最后为什么处理成悲剧
美好的人生也有沙子；我们都是上帝咬过的苹果；悲剧更能使人震撼。
李锐：在悲剧的背后，是人性的一种觉醒。

七、作业
1.本文中还有一个人物值得大家去赏析，那就是翠翠的爷爷。在他的身上，我们可以看到一种很伟大的亲情，因为时间关系，大家可以自己去看。
2.有机会可以阅读《边城》全文。

板书
风景美　隐喻之美　翠翠：纯真　可爱　纯朴
　　　　　↓
风俗美　人性之美　傩送：纯朴　善良　热情

教后反思	略

第二节　寻找支点：让教学简洁真实

教学的简洁、有趣和有效的重要性，在前面一节已经阐述过了，现在我们来考虑教学目标如何达成的问题。教学目标要想良好达成，固然要注意很多问题，但其中很重要的一点就是寻找教学的支点——可以撬动整个教学的设计点。

每一篇文章，都有它自己的特点，即所谓的"这一篇"。这个"特色点"的产生可能是这篇文章的"文体"所形成，可能是文章的"结构"，可能是"作者独特的表达方式"，也可能是"独特的主题取向"等等所致。利用这些不同的特点来进行设计，就会呈现出不同的教学形态。比如对《我有一个梦想》的处理：有人把它处理成"演讲稿"的范例——这个支点就是"文体"；有人把它处理成"和平的祈祷"——这个支点就是"主题"；有人把它处理成"用语特点"——这个支点就是语言……

有时候支点会离开文本，比如对选文中"插图"的利用，往往就是一个很好的抓手。在案例《边城》中，我就是利用了《边城》中"插图"的特点来设计的。《五人墓碑记》的案例则是根据文章所具有的现场新闻报道的特点而设计的，但是这些支点最终还是要服务于文本。

以上讲的是单篇，就当下的大单元设计来说，其实每个单元也都具有独特性。比如人教版必修上册的第二单元是"新闻通讯报道类"的媒介作品，第七单元则是"散文"，从文体上可以区分；第二单元的人文主题是"劳动"，第七单元则是"自然情怀"，从主题上可以区分；第二单元的文章用笔明显受报道需要的价值取向影响，第七单元文章用笔则明显体现作者本身用笔的特点；第二单元明显跟社会接近，取材可以联系当下，第七单元则更多走向作者内心世界……如此种种，我们可以明显地看到，就当下的大单元设计而言，其实在教学设计点的选择上跟以往的单篇教学的方法并没有太大的区别，它只不过是"扩大了的单篇"而已。大单元的设计中，最为重要的是能否设置好一个可以囊括多篇文章的情境——这个情境实际上也是一个教学支点。

古希腊物理学家阿基米德说："给我一个支点，我就能撬动地球。"这句话同样适用于教学设计:"给我一个好的支点,我就能产生优秀的设计。"

案例六　引进媒介,课堂有了乐趣

教学设想

《五人墓碑记》的文言字词较难,文本内容与学生也有隔阂,学生不是很喜欢。我的设想是教师能不能通过某种方式来激发学生的学习兴趣,让学生主动地去掌握文章的字词,理解文章的主要内容。我想到了"新闻报道"和"记者招待会"的新闻媒介表达形式,因为这篇文章完全具有新闻的特性。于是我把它设计成了活动课,试图通过此举来提高学生的学习兴趣,充分发挥学生的主观能动作用,并借助这个活动平台把文章主题往深处挖掘,是"跨媒介阅读与交流的任务群"在文本中的落地实践。

教学设计

一、简单导入

师:同学们,四百多年前,张溥老先生为了一件事情,写下了一篇很有名的碑记,多少年来,每当国家民族需要个人贡献力量的时候,这篇文章就会不断地被提及。今天我们来学习《五人墓碑记》(板题)。

碑记,又称碑志,原是刻在石碑上,以叙事记行、歌功颂德为内容的一种文体。从立碑的地点和用途上分,有山川碑、宫室碑、桥道碑、寺庙碑。而专门纪念死者、刻于坟前墓道的碑记称墓碑或墓志。

那本文叙了什么事?记了什么行呢?

二、熟悉内容

1.请大家来看几位同学对这个故事的复述。为了复述这个故事,同学们在课前准备了一段时间,排演了一个小型的课本剧。

活动一:学生上台表演

> 第一环节:主持人阐述事件发生的背景简介。温馨提示:可以在老师下发的资料中归纳。

> 第二环节：新闻回放。温馨提示：采访路人，复原当时情景。
> 第三环节：现场报道。温馨提示：可以采访"犯人""围观者"等。补充课文空白之处。

请学生评价他们的表演(跟原文比较)。

学生齐读第3、4两段。

引导提示：

师：他们的表演，你最欣赏的地方是什么？

师：表演中哪些情节是文章中原有的，哪些是他们自己创造和补充的？请评价。

（在引导学生做评价的过程中，注意要引导学生的评价跟课文的切合度，不能空对空地进行评价，在引导过程中落实这两段中重要的字词）

师总结：通过同学们的分析，发现文章记叙的内容只是一小部分，作者议论的内容却很多。在碑记中，我们发现议论是有的，但没有这么多，我就肯定，作者是借此事而生发感慨。那么作者想要表达什么呢？我们不妨先读读这几段的内容。

学生分小组读相关段落。

三、深入理解

师：作者到底想要表达什么呢？我想把这个任务交给同学们来完成，今天我们通过一个模拟情境来对文章的字词和内容进行理解。

活动二——记者招待会

把全班分成两大组，一组角色是张溥，一组角色是记者。提问的记者两两合作，提问可以是对一个词语的理解，可以是对一种手法的理解，也可以是对内容的理解等等。

（本环节是课文理解的关键，教师要给学生充分的准备时间和充分的小组讨论。要求提问的学生从字词、表现手法、表达方式等方面来考虑；充当张溥角色的学生要预估可能会遇到的提问）

（预设。学生如果不能很好地进行深入的提问，教师就要准备好一些问题助力提示：1."呜呼""嗟乎"这两个语气词能相互调换吗？2.为了表现五义士，你主要用了什么手法来描写？3.魏忠贤最后投缳自尽，"不可谓非五人之力也"，这是不是把五人之死的意义定位得太高了？）

四、主题提升

师：同学们都谈了自己的一些看法。下面，我想请一位专家对此进行深度点评，看看专家是怎么看待这件事情的。

活动三——深度点评（出示教师已拍好的视频）

> 大家好，这里是"新闻深呼吸"，我是周大大。今天要点评的事件并不是一件让人开心的事情。五个人，五条生命，在历史中不过是过眼云烟，但它所承载的意义却非同一般。这些事件的描述以及意义都可以在张溥的《五人墓碑记》中找到印证。张溥老先生为了写出这五个人死的意义，他先以五人之死和富贵之子、慷慨得志之徒的死作比较，揭示五人"激于义而死"的献身意义；然后以五人的从容赴难同缙绅的失节附逆作比较，表现"素不闻诗书之训"的底层民众为正义而死的品格；再用五人之死同"高爵显位"获罪后的丑行作对比，揭示耻辱和荣耀的结局。最后假设五人碌碌而生同他们的死义行为作比较，赞扬他们死得其所。
>
> 在张溥老先生的对比描写中，我们看到了一个知识分子对底层民众存在的意义做了全新的诠释，匹夫之有重于社稷也，成了后代人在认识个体和国家关系时的一个里程碑式的标准。
>
> 但是，我在张溥的描述里，却看到了另一层隐含在文章里面的意义。我们知道有明一代是士人堕落的一代，士大夫们一直觉得自己是社会的中流砥柱，哪怕在遭受了朝廷的打压的时候。在他们的内心深处还是有一种天生的优越感，这种优越感常常表现在他们看待别人的眼光上，我们可以在很多书籍中读到士人们对社会上一切事物的蔑视情景。可以说，在某种意义上，他们不太看重底层民众，觉得真正能拯救社会的是他们这些士人们。但是从这件事件中，他们发现，士人们所做的远远比不上普通人所做的来得壮烈，来得彻底和无畏。有人说，众贤士愿意出金买人头，并为他们立生祠和墓石，是士大夫们的一种自赎，表现了士大夫们的一种愧疚感，也是士大夫开始对自己进行反思的一种表现。张溥之所以在碑记中用了如此之多的感慨，就是试图告诉人们：五人就是一面镜子，一个号角。

教师板书：士人自赎、愧疚感。

师：你们同意他分析的观点吗？如果同意，请你在文章中找到相关的句子来证明这个观点。

学生在文章中找到相关的句子来佐证。

（预设：1.士人们为五义士立碑写记，第一段；2.在周公被逮时，吾社也只是前去送行，已算是较好的了，但五人却做出了不一般的行为；3.把身处高官爵位的人一旦有危险后的丑态描写得如此露骨深刻……）

五、联系自己

师：请同学们来看一下本专题的单元主题：号角，为你而鸣？如果要把你换掉，你觉得可以填进什么？

出示幻灯：号角，为_____长鸣

请一小组的学生回答。

（预设：希望、一种不死的精神、五烈士……）

最后引导到"号角，为我而鸣"上，希望学生们在学习生活中，能懂得一些长存于我们民族血液中的品质。

案例七　赏析插图，课堂有了切口

——《边城》（节选）教学设计

教学设想

选入教材的文本，往往会根据需要配上插图。编者的意图是通过插图来帮助对文本的理解，当然有时会出现插图并不能与文章的内容完全切合的状况。但不管怎么样，在教学设计中，教师如果能充分地利用插图，引导学生进行比较、赏析（好坏均可分析），往往会起到某种意想不到的作用。《边城》中，翠翠和傩送初次见面的插图是黄永玉老先生的作品，是很贴切的一幅插图，但是因为采用了木刻版，使得人物的呈现并没有像小说中描绘得那样的漂亮和帅气，让人产生差距感。实际上，真正读懂了《边城》的人都知道，《边城》中的人物美有别于我们平常的审美观点，这种以"粗犷为美"与插图呈现的方式是相当符合原文的。故而这个错位的地方就可以为我们打开设计的大门。

教学设计

一、切入课文——了解《边城》的主要内容；初步感受翠翠和傩送给人的第一印象

师：同学们读过《边城》吗？请一同学说说《边城》的主要内容。

（提醒：在课文注解①有介绍，请一学生读注解。并请学生说说本节选体现在哪一句话里）

师简介自己旅游凤凰古城时的经历：去凤凰游玩，要坐船游玩，见到一排船娘，大声呼：船夫，小姐，服务员，同志，均无反应。我们突然想到"翠翠"，大喊一声"翠翠"，一排船娘转头微笑。翠翠似乎成了一个美好的代名词。在我们的心目中翠翠是一个很美好的姑娘。而一看苏教版课文插图，不由大吃一惊。

出示课文插图：

翠翠和傩送（黄永玉作）

要求大家说说对这幅插图的第一感觉。

二、研析课文

1.《边城》所要表现的"美"到底是什么？

（1）讨论插图是否恰当？

①师：这幅插图是否符合你心目中翠翠和傩送的形象？

②简介沈先生在出版小说《边城》的时候也是选用了这一幅插图。

③讨论。师：同学们一起来读读他们见面的片段，然后小组讨论一下，告诉我沈先生这样选的理由。

（2）体会沈先生的对于"美"的定义和理解。

①小组合作，发言。

教师引导学生赏析他们初次见面的片段，赏析他们的对话，在赏析中归纳人

物形象。

（在赏析之中明确翠翠和傩送的美是一种粗野、淳朴之美）

> 预设：
> "我是翠翠。"——应该是"你是谁？"——内心极其着急，希望能有人认识她。
> "他不会，他答应来找我，就一定会来找我的。"——换成比较语言：不要乱说，你才喝醉了酒呢？
> "以为欺负了她，就轻轻地说：你个悖时砍脑袋壳的！"——骂人骂得好可爱哦！
> 结论：不是容貌吸引了他们，是彼此身上的那种朴实、善良、幽默和野性。

（板书：语言美、人物美）

②出示沈先生的佐证和结论，引出沈先生对"美"的理解，说明《边城》的真正魅力所在。

> 沈从文：我崇拜朝气，欢喜自由，赞美胆量大的，精力强的……这种人也许野一点，粗一点，但一切伟大事业，伟大作品就只这类人有份。
> 沈从文：我要表现的本是一种"人生的形式"，一种"优美，健康而又不悖乎人性的人生形式"。……为人类的"爱"字作一度恰如其分的说明。

再一次体会这幅插图呈现的人物形象的妙处。

总结：沈从文先生追求一种"优美，健康而又不悖乎人性的人生形式"之美。
（出示PPT）

> 我要表现的本是一种"人生的形式"，一种"优美，健康而又不悖乎人性的人生形式"……

③师：这种"优美，健康而又不悖乎人性的人生形式"还表现在文章中哪些地方？

生找到相关句子并发言。

并用这个提问突破、落实和理解课文余下的内容。(长文短教的处理)

2. 体会沈先生追求"美"的背后意义。

①师：沈从文对这种"优美，健康而又不悖乎人性的人生形式"的寻找，我们从中能读出什么？——教师引导学生明确沈先生的追求就是反照现实生活的缺失。

师总结为：

与其说是寻找翠翠，不如说是寻找一种失落的情感传统；

与其说是寻找边城，不如说是寻找一段远去的令人怀念的岁月；

与其说是寻找感觉，不如说是寻找一方不曾污染的人间净土。

② 简介沈从文写作本文的经历和一些想法。

出示两段话：

溪水依然在流，青山依然苍翠如烟，可是一个诗意的神话终于还是破灭了。这个诗意神话的破灭虽无西方式的剧烈的戏剧性，但却有最地道的中国式的地久天长的悲凉。

——李锐《另一种纪念碑》

边城，这是一座包含深意的城：它给了我们翠翠纯真的回忆，给了我们爷爷与翠翠摆渡的那一段祥和时光，也给了我们三个年轻人之间掩藏不住的美好爱恋；但是，城中关不住的，是命运的使然，是感情的无奈，是暴雨来临的恐惧。边城中，又有谁能把握住自己的幸福？

——《边线》读后感优秀范文

三、总结全文

沈从文的墓碑上镌刻着："照我思索，能理解'我'；照我思索，可认识'人'。"

第四章　让真实贯穿大单元设计

第一节　课堂转型：从一次比赛看新课程课堂

新课程转型，往往从课堂教学形态的转变开始。在本次课程改革中，新课程转型有几个非常鲜明的标志，其中最具特色性标志的就是大单元设计。大单元教学落地是一次很艰巨的挑战任务，为了让教师们能更好地把握和推进大单元设计，我利用温州市优质课比赛的机会对课堂的转型进行一次推进。在比赛中，我们发现了很多问题，但也看到了新课程推进中的一些可喜现象，借这次比赛的一些情况来谈一下大单元设计的几个问题。

2019年温州市高中语文课堂教学评比在美丽的岛上学校——瓯海中学举行。本次比赛共有12位选手，他们来自温州市直和各县（市）的学校，在一定的程度上代表了各个区、县（市）对新课程课堂教学价值取向的理解。2019年，是浙江省准备启用新教材的筹备年，省教研员黄华伟把省级课堂教学评比定位为"老教材·新教法"，从中透露出省教研室准备借本次比赛，推进使用新教材后的课堂转型的决心。故而，我们在本次比赛中采用的形式和内容均紧跟省里要求。我们的目的也只有一个：这绝不仅仅只是一场比赛，更是在使用新教材后对课堂、课型、教法、学法等的一次摸索。

为了紧跟这一设想，我们大胆地对课堂教学内容进行了处理。我们给选手的课题是：

2019年温州市高中语文课堂教学评比课题

1. 指向学习任务群：文学阅读与写作。

《普通高中语文课程标准》（2017年版）：本任务群旨在引导学生阅读古今中外诗歌、散文、小说、剧本等不同体裁的优秀文学作品，使学生在感受形象、品味语言、体验情感的过程中提升文学欣赏能力，并尝试文学写作，撰写文学评论，借以提高审美鉴赏能力和表达交流能力。

> 2.课文:《林黛玉进贾府》《祝福》《边城》。
> 3.时间:整个任务群3课时完成,评比选择其中的1课时(40分钟)展示。
> 4.教学内容:在任务群大背景下,自行确定教学内容。

课题首先突破了一课一教的形式。我们采用了多篇文章(本次三篇)在任务群关照下的处理,就是我们所说的大单元设计。

其次是指向非常明确,这次任务群的内容是"文学阅读与写作"。为了让选手能清晰任务群的内容,我们在课题下罗列了任务群的要求,可以这样说,选手的课堂教学如果没有基于这样的任务群的背景,基本上就可以判断该课堂教学为失败。

第三是我们要求展示其中的一课时。这一课要体现出"三篇文章教学整体中某一堂课"的特点,是"三堂课中的那一堂课",而不是前后无关联、没有"背景"的"单独一课"。

第四是教学内容自定。教学内容自定看似给予了选手自由度,但实际上更难操作。大单元设计中选什么内容,呈现什么内容,何种角度,如何关联,太见教师的功底了。可以这样说,本次课堂教学大赛比以往任何时候都要重视教师对多文本的处理能力。我们看到了很多教师根本无法驾驭这样的课型。但很现实的一点是:在即将到来的新教材课堂中,这样的群文处理将会成为常态。有听课教师坦言,新教材课堂对教师提出如此高要求的执教能力,让人有很大的危机感——有这样的危机感是好事,说明我们的教师已经认识到了新课程给我们带来的挑战。

我们在评审过程中,判断这堂课是不是一堂好课,我们关注了这样的几个问题:在这堂课之前学生是什么水平?他们已懂得(掌握)了什么?这堂课后学生"多"了什么?"多"了的内容就是我们所说的核心素养吗?

在比赛过程中,出现了一些比较有共性、也值得去探讨的问题。

一是有些教师的教学定位不准。有选手把本课定位为赏析"小说的人物美",这固然没错,但教师只是停留在带领学生去找到一些语句,然后整堂课就停留在读读说说人物美在哪里的层面——我们认为这样的课堂定位是肤浅的。这也正是前面我们所关注的问题:学生上完这一堂课,学生没有"多"了什么,因为教师是在重复学生已经了解的东西。我们的理解是,学生在欣赏人物形象的同时,更重要的是懂得如何来塑造人物形象，这才符合任务群"使学生在感受形象、品味语言、体验情感的过程中提升文学欣赏能力"的要求，达到提升学生的文学阅读鉴赏能力的目的，在鉴赏技巧、语言运用、文体形式等方面获得新知识，在原有的基础上得到提升。

二是形式陈旧，不符合学情。有选手呈现课堂的主问题：三个女人，你最喜欢哪一个？为什么？这样类似的问题是旧课堂中的提问常式，它最大的问题就是教师的课堂教学在一个较为肤浅的层面打转，这是我们力求要避免的课堂教学形式。高中语文课堂要有一定的深度、高度，这是基于高中学生的特点生发的。教师所设计的问题必须带有一定的挑战性，也就是带有深度性的任务驱动设计，方能让学生在学习中产生兴趣，提升语文素养。

所以在本次比赛中，相对来说，课堂中安排有小说鉴赏能力提升的设计往往能呈现精彩的一面。比如有选手选择"小说的叙述角度""小说语言的常态和变态""小说中不同人物的说话方式""小说要贴着人物写"等课堂教学内容，从如何欣赏小说的角度出发，我们认为比起那些只是读读说说、体会小说内容的课堂要真实有效，因为学生在课前课后是有不同感受的。但是不是真的都能有效果，这是值得考虑的一个问题，因为本次比赛是初次采用了这样的方式，我们只是关注了教师采用的适当的"提升助力"，我们暂且没有去考虑效果的优劣。如果从效果的"检测评价"角度来衡量的话，我估计没有几堂课是经得起推敲的（这也是真实课堂的一个重要指标）。在接下来的新教材使用中，我们将会对教师上课后，学生学到了什么，是不是比课前有进步进行评价，并以此作为评价课堂是否优质的标准。

三是情境设置问题多多。新课程讲究具体情境下的语文活动，课堂设计活动的目的就是为了能让学生更好地在解决问题中获得能力的提升和语文核心素养的形成。

但在整个比赛中暴露出来了"为活动而活动""为活跃气氛而活动"的倾向，令人不安。有选手选择"三个女人如果在某个酒馆里喝酒碰面会说些什么话"，这种活动实际上是脱离了文本的个体自由发挥式活动；有选手一堂课设计了三个小组合作探究，她不停地强调给大家3分钟就完成思考并马上回答。事实上，这种短时间小组讨论的"形式化"之无用性，早已是众所周知的秘密。我们认为，一堂课中的活动不宜过多，但每个成功的课堂活动的安排，应该带有明确的任务驱动性，问题设计呈现应该让学生产生解决问题的欲望，并尽可能让学生在解决问题中获得语文能力的提升。

当然，很多选手的情境设置和问题的提问，也具有创新性。比如有选手为了让学生体会人物的个性化语言，安排了这样的问题：祥林嫂如果死后碰到祥林，她会说些什么？学生要回答这个问题，必须要了解祥林嫂的人物特点和说话体系选择。有的选手则安排了祥林嫂和卫老婆子的对话，从中体会不同的人物，不同的说话体系。我觉得其实还可以更往前一步：假如林黛玉碰到祥林嫂，她会怎么说，祥林嫂会怎么回答？如果碰到翠翠呢？为什么会有这样的区别？细究之下，我觉得可以借这个问题来探究小说环境的选择、主旨的选择、语言体系的选择、人物不同身份的塑造等等问题，任务群的任务可以在这样的讨论中得以落实和突破。活动是"真实""有趣"的，是能激发学生的思考再往前一步的，这正是我们对新型课堂活动的定位和思考。

本次比赛最大的挑战就是多篇文章之间如何选择处理，这也是新课程的难题之一。面对这三篇小说，教师要选择什么教学内容？怎样融合？如何打通三篇文章？非常考验选手们的处理能力。但从这次选手的表现来看，温州的老师还是非常聪明的，也是较能转变教学观念的。很多老师选择的方式是把三篇文章都当作"素材"来使用，这是最简单有效的方法。有选手抓住"三个女子与初恋见面"的对话赏析来突破；有选手抓住语言特点来分析"不同人物的说话方式"；有选手通过赏析三个女子的"笑"的背后蕴含着什么来串联三篇文章；有选手抓住小说塑造的技巧如何在三篇文章中体现等等。他们都注意到了融合，都注意到了三篇文章在任务群背景下的取舍。但是，仍然还有很多选手，教学理念陈旧，方法死板，没有抓住用一点来串联三篇文章，而是从三篇文章中选择三个点，其结果就是三篇文章一课一教的相加版。

还有更严重的问题，因为内容多了，选手不好把握，选手就简单地选择了几个片段（甚至是几句话）读来读去，分析来分析去，忽视了整个文本。试图从几个片段或几句话中得出小说技巧高超的结论——这种"分析小草忽视森林"的"森林研究法"是很可怕的，它实际上割裂了文本，甚至可以说是培养了学生一个很不好的阅读习惯。

问题很多，因为是初次尝试，我们也有很多东西无法把握。但课堂教学整体体现出来的教师教学水平、教师个人素质和对问题的思考把握，确实令人看到了语文教学的明天，希望教师们为了明天的进步，能好好整理自己的思路，反思自己的教学。

附录：温州市优质课一等奖教案

第二课时：礼俗环境下小说人物话语的常与变

温州中学　黄惋莉

一、上一个课时的总结回顾

	小说的"礼·俗"环境描写——
贾　府	上尊下卑的礼制环境
边　城	自然淳朴的民俗环境
鲁　镇	封闭压抑的礼教环境

二、本课时导入

导入语：今天这堂课，我们就一起来品一品，在这样的礼俗环境下，黛玉、翠翠和祥林嫂这三个人物怎么"说"话。首先，我们来看一段《红楼梦》中的对话。

播放视频：《红楼梦》宝黛初会"送字"片段（1分钟）

过渡语：贾宝玉这样一个不顾忌贾府繁文缛节的公子哥，在众目睽睽之下，对一个第一次见面的女孩子，不是呼其名，而是直接送了她看似不三不四的颦颦二字，可以说是无视礼制的瞎说、乱说。与之形成鲜明对比的，是黛玉不肯多说一个字的状态，能少说就少说。这是黛玉的说话状态之一。除此之外，同为外孙女的黛玉和翠翠还有什么说话的状态呢？

三、探究"'礼·俗'环境下，同为外孙女的黛玉和翠翠的说话状态"

【任务一】表格梳理鉴话语"常"态

（1）课前自主阅读课文，独立思考，完成表格。

对话场景	林黛玉说话状态	性 情
宝玉又问表字。黛玉道:"无字。"	少说	
贾母笑道:"你不认得他。他是我们这里有名的一个泼皮破落户儿,南省俗谓作'辣子',你只叫他'凤辣子'就是了。"黛玉正不知以何称呼,只见众姊妹都忙告诉他道:"这是琏嫂子。"……黛玉忙陪笑见礼,以"嫂"呼之。	＿＿＿(着/地)说 (填状语)	
贾母因问黛玉念何书。黛玉道:"只刚念了'四书'。"黛玉又问姊妹们读何书。贾母道:"读的是什么书,不过是认得两个字,不是睁眼的瞎子罢了!" 宝玉便走近黛玉身边坐下,又细细打量一番,因问:"妹妹可曾读书?"黛玉道:"不曾读,只上了一年学,些须认得几个字。"	＿＿＿(着/地)说 (填状语)	

对话场景	翠翠说话状态	性 情
翠翠正坐在门外大石上用粽叶编蚱蜢、蜈蚣玩,见黄狗先在太阳下睡着,忽然醒来便发疯似的乱跑,过了河又回来,就问它骂它:"狗,狗,你做什么!不许这样子!"	＿＿＿(着/地)说 (填状语)	
"是谁人?" "我是翠翠。" "翠翠又是谁?" "是碧溪岨撑渡船的孙女。" "这里又没有人渡,你在这儿做什么?" "我等我爷爷。我等他来好回家去。"	＿＿＿(着/地)说 (填状语)	

(2)课上小组合作学习,修改完善后形成小组观点,填写对应任务卡片,全班交流。

(3)教师点评学生发言,指出优点与不足,并总结:

林黛玉——少说、学着说、藏着说,显得谨慎多虑;

翠翠——直说,更为率真。

同为外孙女，不同的礼俗环境下呈现出截然不同的说话常态和性情表征。

（4）教师进一步导读：

在不同的礼俗环境影响下，同为外孙女的两人，呈现出截然不同的说话状态，一个少，一个直。从她们适应礼俗环境的话语常态中，我们也窥见了人物不同的性情，一个谨慎伶俐，一个率真直率。这是我们进行小说鉴赏的一把钥匙，文中还有很多这样的语料可以例证。但老师今天想带着大家再往前走一步——如果黛玉一直如此乖巧，便难有葬花一幕，翠翠若都如此直率，何以无言对白塔。话语常态之外，跳出礼俗环境的话语"变"态是我们文学鉴赏的第二把钥匙。

【任务二】对比品读鉴话语"变"态

（1）教师设问，激发学生思考原文这两句话的常态表达。

原文："我没有那个。想来那玉是一件罕物，岂能人人有的。"（《林黛玉进贾府》）

原文："爷爷，你的船是不是正在下青浪滩呢？"（《边城》）

（2）学生补足话语常态，对比朗读，感受语气和语意的区别。

原文："我没有那个。想来那玉是一件罕物，岂能人人有的。"（《林黛玉进贾府》）

常态："我没有。"

原文："爷爷，你的船是不是正在下青浪滩呢？"（《边城》）

常态："爷爷，你的船可以碰到二老的船吗？"

（3）结合学生个别朗读与教师朗读，展开课堂分享。

学生答案预设：

a.黛玉说错话，推动情节。

b.黛玉对话对象是宝玉，说话状态的不同是爱情的萌芽。

c.黛玉真性情的流露，褒中有贬，赞中有酸，温和中有尖酸刻薄的一面。

d.翠翠不愿显露出自己的心意，含蓄。

e.语言的歧义，祖孙二人的记忆所处的不同。

（4）教师点评学生发言，指出优点与不足，并总结。

林黛玉——说多了，这种多流露出黛玉的真性情，与礼制下的反抗意味。

翠翠——说曲了，这种曲是翠翠含蓄的美，一种不知世事人情的美，但也正是翠翠的悲。

（5）师生齐读，感受跳出礼俗环境的话语变态背后的人性的真实与丰富。

过渡语：我们说人不是机器，机器是根据环境大数据来进行对话的，人性是复杂的，说话自然也是有复调的。而话语的变态就是我们文学鉴赏的第二把钥匙。

四、演绎"'礼·俗'环境下，祥林嫂的话语'常'态和话语'变'态"

【任务三】《祝福》课本剧改编

班级里编排《祝福》课本剧，小明大胆改编，增添了两处卫老婆子和祥林嫂的对话，你能否帮助他编写祥林嫂的话语。

增添的表演情境一：

祥林死了，祥林嫂从卫家山逃出来，第一次找卫老婆子介绍做工的地方。

增添的对话一：

卫老婆子："我问你：为什么出来做工？"

祥林嫂：_____

增添的表演情境二：

贺老六和阿毛都死了，第二次找卫老婆子帮忙。

增添的对话二：

卫老婆子："上回我发昏被你瞒了去，你婆婆闹得沸反盈天。你倒是交了好运了，还出来做工？"

祥林嫂：_____

（1）自主阅读课文，完成改编。

（2）根据课堂所学，重新审视祥林嫂适应礼俗环境的话语常态和跳出礼俗环境的话语变态，修改对话，完成后，同桌分饰卫老婆子和祥林嫂进行对话。

（3）教师说明点评模拟对话的要求。

（4）学生推荐展示，展示后请学生点评，教师根据学生的点评进行再点评。

五、生成自我构建

1.《小说课》。

毕飞宇的畅销书《小说课》已有8章，结合这堂课所学，请仿照其目录格式，为这本书再拟一章。

"走"与"走"——小说内部的逻辑与反逻辑

2.《水浒》。

反哺——虚构人物对小说作者的逆向创造

3.《玉秀》。

(　　　)——(　　　　)

4.《林黛玉进贾府》《边城》《祝福》。

学生展示自己的拟题,并阐释理解,教师点评。

教师总结:今天这堂课我们抓住了文学鉴赏的两把钥匙——从适应礼俗环境的话语常态看人物的性情表征和从跳出礼俗环境的话语变态看人性的真实丰富,希望大家用好这两把钥匙,打开文学鉴赏之门,洞见更多的精彩!

附:板书设计

第二节　大单元设计：为了更好地让学习发生

案例八　读细、读厚、读深：提高写景抒情散文鉴赏能力
——高中语文统编教材必修上册第七单元学习任务设计

设计说明

高中语文统编教材必修上册第七单元属于"文学阅读与写作"任务群。本任务群旨在引导学生通过文本阅读分析，学习写景抒情类文学作品对自然的描写，反观自然，提升对自然美的感悟力，激发对自然和生活的热爱之情；通过自主学习和探讨，体会民族审美心理，提升文学欣赏品位，使学生通过学习重新建构自己正确的人生观。

本单元选取的五篇文章，都是写景抒情的散文名篇。五篇文章的选用体现编者匠心：一是选材丰富——有对山川美景的歌颂，有自然景物引出的人生故事讲述，有登临高山的畅想；二是时代跨度大——作品的成文时间从宋代到近现代，立体呈现散文的发展脉络；三是五篇文章均为大家的代表作。在他们的笔下，既有美景描写的范例可借鉴，又有深厚的人文内涵可领会，但是本专题又统一在"写景抒情""散文技法"之下形成专题，既有"散选的广度"又有"聚的内在脉络"。

为了让学生能体会到这五篇写景抒情文章的魅力和提高散文的鉴赏能力，我设计了"编写散文集"这一核心学习任务。通过"我为选文代言"（1课时）、"我为文集写评点"（3课时）、"我为文集插个图"（1课时）、"我为文集写个序"（3课时）、"我给文集推个广"（1课时）、"我为文集增砖添瓦"（2课时）等六个任务活动，以相对活泼的形式，有机地构成整个大单元的情境学习，来指导学生自主梳理知识、主动交流研讨、乐于写作表达，引导学生把这五篇文章读细（内容理解）、读厚（人文体会）、读深（主题理解），从而提升鉴赏写景抒情散文的能力。

学习目标

1.通过评点、摹写和探讨等方式关注作品中的自然描写和人生思考，培养学

生对自然的热爱之情，体会民族的审美心理；

2．通过师生的共同梳理和探究，体会作者观察、欣赏和表现自然景物的角度；

3．借助情境场景的活动设计，分析情景交融、情理结合的手法，体会其运用的妙处；

4．通过反复涵泳咀嚼，感受作品的文辞之美，提升文学欣赏品味；

5．通过系列学习活动后，能借鉴名家散文技法独立写出一篇写景抒情散文。

◎学习评价

针对"编写散文集"这一核心学习任务，为本单元的学习活动确定以下评价标准：

1．"我为选文代言"标准：①语言流畅，定位准确；②逻辑缜密，条理清晰；③理解准确，表达到位。

2．"我为文集写评点"标准：①能够独立完成一至两篇评点；②能从不同角度（内容、手法、主题等）来进行评点；③能运用多种评点形式（赏析式、感想式、评价式等）进行评点。

3．"我为文集配个图"标准：①插图能体现对文章中某一个要素（内容、主题、人物等）的理解；②插图不要求很专业，但一定要体现与文本的相关性；③能准确流畅地表达自己的插图的设计意图。

4．"我为文集写个序"标准：①能够单独或者与同学合作写一篇序文；②能准确、恰当地涉及各篇文章的关键词；③能提炼出文本的内涵价值，使其作为序言的中心词；④用词准确，语句通顺，标点无误。

5．"我为文集推个广"标准：①书名能体现专题的要求；②腰封能体现这五篇文章的文本价值；③书名能引起人购买的欲望。

6．"我为文集增砖添瓦"标准：①所写散文文辞优美，抒情真挚；②作文中能运用情景交融、情理结合的表现手法；③不停留于写景的层面，能融入更深层次的情感和人生思考。

◎教学建议

本设计授课对象为浙江省普通高中高一学生，语言表达、阅读能力、文本鉴赏能力都较强。基于整个专题背景下的情境学习，学生并不一定能充分理解学习任务活动的真正用意，为了避免产生脱离文本的"为活动而活动"的学习，在教学中要特别关注以下几点：

1. 提倡自主学习，通过自我探究和自我梳理总结出五篇文本的主要内容、重要思想。教师提供自主学习的载体，在提供载体的时候，要讲清楚活动目的，避免为活动而活动。

2. 在活动中，要紧扣文本，紧扣语言训练的特点，特别是一些离文本较远的活动如"插图"活动等，要特别注意体现语文性。

3. 课时安排只是做建议，教师要根据学生的完成情况，做好调整。在理解内容的任务活动中不可一带而过，整个专题性的情境教学必须要在充分熟悉文本的基础上进行。

任务设计

学习任务一：我为选文代言

设计意图：大情境的学习，必须要在熟悉大单元文本内容的基础上进行。"我为选文代言"的情境活动目的就是为了熟悉五篇课文的内容，是教学的基础，本节课是起始课，为后面深度教学的准备课。

【情境】围绕"自然情怀"的主题，编辑部需要编辑一本小型的散文集，现在已经选定了五篇文章《故都的秋》《荷塘月色》《我与地坛》《赤壁赋》《登泰山记》。审稿委员会召开了小型的内部讨论会，假如你就是选定这五篇文章的编辑，现在需要你做一个"为什么要选这五篇文章"的说明。

【活动一】发言稿撰写

以五个人为一个团队，每个团员选择五篇文章中的一篇，仔细研读，写一小段话，指出为什么在这本散文集里，这篇文章是合适的。

温馨提示：可以自己思考或者查阅相关资料，找出这篇文章与专题要求的切合点。

示例：《荷塘月色》中，朱自清起初颇不宁静，心绪难宁，但夜晚月色正好，想到要去清华园的荷塘里走走，排遣心绪。月色下的荷塘、荷塘里的月色、荷塘的四周，里面蓊蓊郁郁的荷花，如流水一般倾泻下来的月光，静谧的自然风物让朱自清暂时从不安的心绪中抽身，他的情感被周边的景物所感染，"暂得于己"，觅得一方属于自己的心灵世界。《荷塘月色》中，朱自清"有意隐匿自我，情意世界是朦胧封闭的"，他有意转移自己的注意力，转为对景物的悉心观察和描写上。因此在对景物的刻画上，文章细腻传神，多感官多角度进行描绘。选这篇文章进入散文集，是因为该篇文章是写景述情的良好模仿范本，可以让我们感受情景交融之技法，感受文章中对荷塘、月色的精彩描写，感受朱自清的文辞之美。

【活动二】现场说明会

对应每一篇文章，各选取一位同学上台发言。各个小组派一位同学组成评委会，评选优秀代言。

"我为选文代言"优秀代言评分指标：语言流畅、逻辑缜密、定位准确、条理清晰、理解准确、表达到位。

【活动三】审稿主任总结发言

团队整合五个人的文稿，进行修改，写成一篇简短的总结发言，说明这五篇文章的入选理由。教师展示。

设计理由：整体感知、把握五篇文章的内容和学习价值所在，为后续的深度学习做铺垫。

学习任务二：我为文集写评点

设计意图：深度熟悉文本内容，深刻理解文章内涵，为后面的深入学习做好准备。

【情境】编辑部为了体现本文集的"这一本"特点，并能带给读者更多的思考，决定把入选的文章全部做成评点的形式，以便于学生学习。

【活动一】了解什么是评点

1.出示评点范例——金圣叹的《水浒传》评点。

那雪越下得猛。夹批：写雪妙绝。〇半日通红，陡接一句，忽然莹白，林冲投东去了。两个更次，身上单寒，当不过那冷，在雪地里看时，离得草料场远了，只见前面疏林深处，树木交杂，远远地数间草屋，被雪压著，夹批：处处不脱雪。破壁缝里透火光出来。夹批：火字余影。林冲径投那草屋来，推开门，只见那中间坐著一个老庄客。周围坐著四五个小庄家向火；夹批：火字余影。〇一回书放火杀人，惊天动地，却闲闲叙出四五个庄客收之。何处觅避秦人，只省事省气者便是。嗟乎嗟乎，耐庵至文也。〇向火二字，为之一叹。之四五人，又乌知以火杀人，因火自杀，亦在此一夜雪中哉！地炉里面焰焰地烧著柴火。夹批：火字余影。妙在特用焰焰地三字，亦算张皇之。林冲走到面前，叫道："众位拜揖；小人是牢城营差使人，被雪打湿了衣裳，借此火烘一烘，夹批：有时被火烧，火则成冤；有时借火烘，火又成恩。火之为用，不亦奇乎！望乞方便。"庄客道："你自烘便了，何妨得。"林冲烘著身上湿衣服……

2.要求学生归纳出评点可以从哪些角度切入，如何进行评点？

【活动二】学会写评点

1.根据范例，要求学生在每一篇文章中选取一段，并在这段话的旁边写下你的评点。

评点参考范例：

不逢北国之秋，已将近十余年了。在南方每年到了秋天，总要想起陶然亭的芦花，钓鱼台的柳影，西山的虫唱，玉泉的夜月，潭柘寺的钟声（先言思念之景、之物，引起读者对北平地标式景点的回忆）。在北平即使（退一步来说，其实是更进一步）不出门去吧，就是在皇城人海之中，租（一个"租"虽给人漂泊之感，但仍然具有休闲心态，恐怕只有北平所特有了）人家一椽（这个量词，很少见）破屋（如果是高楼大厦，恐怕是没有这种感觉的了）来住着，早晨起来，泡一碗浓茶，向院子一坐，你也能看得到很高很高的碧绿的天色，听得到青天下驯鸽的飞声（"一碗""一坐""一看""一听"一种悠闲感就油然而生了）。从槐树叶底，朝东细数着一丝一丝漏下来的日光（"细数"和"一丝一丝"可真悠闲，带着文人的特性），或在破壁腰中（环境不是最主要的，主要的是心态），静对着像喇叭似的牵牛花（朝荣）的蓝朵，自然而然地也能够感觉到十分的秋意。说到了牵牛花，我以为以蓝色或白色者为佳，紫黑色次之，淡红色最下（颜色就是心情）。最好，还要在牵牛花底，教长着几根疏疏落落的尖细且长的秋草（中国画，让我想到了"秋士"），使作陪衬。(《故都的秋》）

2.评点交流。

3.课后作业：课外再挑选一篇文章进行全文评点，并与同学们进行交流。

学习任务三：我为文集配个图

设计意图：更深入地理解文本，通过文字的转换，体悟散文的画面美，从而提升学生的审美能力。

【情境】编辑部决定在评点的基础上，配上插图，使得文集图文并茂。

【活动一】点评专题中课文的四幅画，说一说，你觉得哪一幅最能体现出文本的意蕴,为什么?

完成方式:小组合作。

《故都的秋》

《我与地坛》

《赤壁赋》

《登泰山记》

【活动二】我来试一试

①选择一篇文章中你最喜欢的一个段落或者几句话,读上几遍,并把它作为插画的点。

参考:

《故都的秋》:

一朵蓝色的牵牛花周边长着几根疏疏落落的尖细且长的秋草陪衬着……

落蕊铺得满地都是的一株槐花……

……

《荷塘月色》:

曲曲折折的荷塘上弥望着田田的叶子,荷叶衬托着朵朵荷花……

沐浴在月光下的荷花……

……

《我与地坛》:

高墙坍圮,门壁上朱红淡褪的衰败地坛……

茂盛得自在坦荡的野草荒藤……

……

②试着画一幅课文插画(简笔画),配图要求能够展现文章的整体风貌。并写出设计说明。

设计说明:

画面描述:

画面简单,几朵白色的牵牛花,底下几根疏疏落落的秋草。

意图阐述:

插画试图表现郁达夫关于北国秋天的"来得清,来得静,来得悲凉"的描绘。我觉得牵牛花是最能表现他心态的事物。

"以蓝色或白色为佳""几根疏疏落落的尖细且长的秋草"把他内心的那种文人式的闲适以及躲在文字背后的无奈表现出来。

学习任务四: 我为文集写个序

设计意图:探究本单元五篇文章的共同旨意,概括五篇文章对当代读者的价值,结合专题作文要求进行写作训练。

【情境】我们的散文集已经基本成型,只是还缺少一篇序言,接下来编辑部的任务就是写一篇出版旨意的序言。

【活动一】学习如何写序言

1.写好序言的第一步就是要提炼文集的关键词。教师出示钱理群替《民国那些人》写的序言,教师指出钱理群在序言中就提炼出了"承担,独立,自由,创造"四个关键词,然后围绕这四个关键词成文。

2.试着归纳这五篇文章的关键词并模仿示例进行小片段的撰写。

①请同学们深入阅读五篇文章,联系本单元的导语、学习提示、单元学习任务,结合作者背景,并查阅相关资料,比对他人观点,每人提炼一个关键词,完成下表。

课　文	课文依据	他山之石	知人论世	关键词
故都的秋	破屋、破壁、蓝白牵牛花、疏落秋草、落蕊、衰蝉、秋雨；陶醉于秋之悲	汲安庆：《悲凉之好与淡雅"享虐"》；孙绍振：《〈故都的秋〉——悲凉美、雅趣和俗趣》	郁达夫自小体弱多病，二十多岁时还患了肺结核。	
荷塘月色				
我与地坛				
赤壁赋				
登泰山记				

②四人一小组，就提炼出来的关键词与对应的课文段落进行交流，并选择一篇文章，写出这篇文章与该关键词的联系。

③老师示范：

关键词：生命困境　　　　　课文：故都的秋

> 在文集中，自然山水给人带来的感触是深沉的、深刻的。
> 在郁达夫的《故都的秋》中，面对北平这样取材广泛的城市，作者选取的都是"更能引起深沉、幽远、严厉、萧索的感触"的意象，比如：破屋、破壁、蓝白牵牛花、疏落秋草、落蕊、衰蝉、秋雨等。这些意象"特别地清、静、悲凉"的背后，实则是秋的肃杀之气，使得意象呈现出枯败、衰弱、凋零、寂静、落寞、凄凉的特点。这是生命的困境——生命渐渐走向迟暮、死亡，这是每个人都要面对的普遍的人生困境。

④学生另选一篇进行摹写。要求以"在文集中，自然山水给人带来的感触是××的，××的。"为开头写一小段话，可以小组合作完成，并在班上与其他同学分享。

【活动二】撰写一篇散文集的序言

紧扣关键词，以突破一篇的眼光，整体考虑五篇文章，写一篇序言。要求800字左右。

学习任务五：我为文集推个广

设计意图：总结梳理本专题的内容，加强概括能力、梳理、总结能力的培养。

【情境】我们的散文集就要出版了,现在完成最后一步,根据散文集的内容,为这个文集取个名,并写好腰封语以促进销量。

【活动一】我为文集取个名

查阅相关资料并根据散文集的内容为这本书取一个名字。

参考示例:①写给大地的情书②人间草木

【活动二】我来为文集设计腰封

腰封示例:

库尔特·冯内古特《囚鸟》腰封:"作品被翻译成15种语言,畅销30多个国家。""这个世界欠冯内古特一个诺贝尔文学奖。"

阎连科《我与父辈》的文章起始语:"讲述两代人的爱恨,折射出一个时代的变迁。"

【活动三】评选最佳书名和腰封

评分标准参考:体现专题要求,道出文本价值,引起购买欲望。

学习任务六:我为文集增砖添瓦

设计意图:在整体学习本专题的文章后,学生能借鉴这些文章的写法,写一篇不少于800字的散文。

【情境】编辑在出版的清样阶段,突然发现这册文集有点单薄,希望能增加同学们的作文。

【活动一】说一说你看过的最美风景,谈一谈你看到这样的美景时的心理活动(5分钟)

【活动二】借鉴《故都的秋》《荷塘月色》《我与地坛》中的某一段话的写法,写一小段你看过的最美的风景(15分钟)

教师出示借鉴的例子:

【我与地坛摹写】示例:

十多年过去,再踏上那条乡间小路,儿时记忆立即鲜活生动起来。那是连通我家与小学之间的必经之路,窄小,狭长,两侧是整片农田。忍不住驻足,思绪便轻巧地越过漫漫求学阶段和工作阶段的喜乐交杂,停留在懵懂时光的纯粹简单里。仿佛蒙太奇般地闪现,我脑海里涌出无数深藏心底的画面。譬如小路一头的一棵无名小树,我和小伙伴们每次嬉闹而过不曾为它停留,如今它终于枝繁叶茂到引人侧目,徐徐摇曳的枝叶仿佛在对我说,不急不躁地专注当下,终会有惊艳的一刻；譬如夏日的午后，踩着脚踏车的我们永远都被成群的蜻蜓吸引，也永远追逐不上它们，那轻盈身姿一个拐角便倏忽不见，让人在遗憾的苦涩味里尝到生活的滋味；譬如冬天的甘蔗田，把天空和世界切割成有棱有角的模样；譬如尽头孤零零的红墙寺庙里，偶尔沉默进出的人，都带着一个会讲故事的身影。那时候，我还是个想听故事的孩子，而今，也变成了能讲故事的人。

【活动三】在这一小段的基础上，全面构思，写一篇不少于800字的散文

写完之后与同学们交换阅读，互相品评，提出修改建议，修改后推举几个同学把全班的作文和这五篇文章（由老师提供复印）重新打乱进行编辑，并写好书名，制作好腰封，附上序言，作为高中生活的一份纪念。

案例九　遵情循理 学会表达

——高中语文统编教材必修下册第五单元学习任务设计

第五单元内容结构图

根据大单元统一筹划，大单元大情境设计的思路，本单元通过设置"高一学生选课"的真实情境设计，以三个任务为依托来落实，九个教时。列表如下：

	学习任务	学习活动	教时
使命与抱负	任务一：理的力量：责任与担当——学会劝说	跟着古人学劝说	1
		我为"谏书"挑个刺	1
		致学校要求开设生涯规划的一封建议书	1
	任务二：情的抉择：理想与使命——学会写信	跟着先辈学写信	1
		学会写好家信	1
	任务三：说的艺术：听众与表达——学会演说	跟着伟人学演说（微演说）	2
		演讲稿：我的抱负和使命（写作课）	2

第一部分　学习任务设计

设计说明

高中语文统编教材必修下册第五单元属于"实用类文本阅读与交流"。根据《普通高中语文课程标准(2017版)》的要求，旨在通过学习了解与掌握这一类文本的实用性用途，并能运用到"日常社会生活需要的口头与书面的表达交流"方面。该单元的人文主题是"抱负与使命"，意在通过学习让学生体会到革命导师、志士仁人肩负时代使命、勇担社会责任的精神，并使学生树立起远大的理想。

本单元四篇文章均是不同类型的实用类文体，教学时，既要引导学生把握各种文体的"共性"，还要注意引导学生把握每一篇文章的"个性"。《在〈人民报〉创刊纪念会上的演说》一文要特别关注演讲内容的深刻性和思想的高度，学习马克思在表达时多使用莎士比亚经典作品中的典故，善用比喻的演讲方式;《在马克思墓前的讲话》一文要关注恩格斯在悼词中如何把精要的概述、精辟的评论、深重的惋惜、深切的哀悼和深情的赞美融为一体的表现方式;《谏逐客书》一文除了掌握基本的文言知识外，还要注意李斯选择"秦统一"作为劝阻的出发点的高超劝诫技巧，并注意李斯在表述中多用对偶、排比、夸饰等修辞手法;《与妻书》情感真挚，家信中表现出对妻子的浓烈的爱意和不能相守的痛苦，更为重要的是在书信中处处流露出在家国不能两全情况下的浩然正气。

本单元教学时我们注意到"实用类阅读与交流"任务群对本单元的特定教学要求。认为演说稿和悼词的学习不可以只是停留在"思想内容"教学的层面;谏书和家信不可以只是停留在文言文知识梳理的层面，要特别注意他们实用性的功能。注意"意"是其表达的目的，"文"是其外在的承载形式，理解这些经典作品之所以成为经典，是凭借"意"之高远与"文"之高妙所致。在分析教学时，要突出"学以致用"，提倡学生多模仿运用、多进行相关文体的写作训练。

为了达成目标，设计了"遵情循理　学会表达"的高一选课系列活动。共设置三个学习任务:任务一(3课时)——理的力量:身份与形式——通过《谏逐客令》学习如何说理;任务二(2课时)——情的抉择:小我与大义——通过《与妻书》学习如何让书信更具备动人的力量;任务三(4课时)——说的艺术:听众与表达——通过学习《在〈人民报〉创刊纪念会上的演说》和《在马克思墓前的讲话》，学习如何基于听众意识让演讲内容更有效地表达与传递。

学习目标

1. 学习革命导师、志士仁人顺应历史潮流，勇于担负时代使命的精神。
2. 把握演讲稿、悼词、谏书、书信等不同文体的特点。
3. 自主梳理、归纳四篇文章所特有的表达特色。
4. 完成一篇说理生动、思想深刻、逻辑严密的演讲稿。
5. 完成一封情感真挚、情理结合、用语得体的书信。

评价标准

1. 用自己的语言清晰地概括出革命导师、志士仁人的思想；能结合自己的生活体验阐述他们的精神在当下的意义。
2. 能准确地说出演讲稿、悼词、谏书、书信等实用类文体的特点、适用情境、适用对象与合适的语言风格。
3. 能自主梳理、归纳出四篇文章的不同表达特色。
4. 演讲稿的习作：①主题鲜明，取材典型，有一定的深刻性、思辨性；②结构清晰，逻辑严密；③灵活运用多种表现手法和表达方式，说理贴切生动；④关注演讲情境的营造。
5. 书信的习作：①感情真挚；②情理结合；③能够灵活运用多种表现手法和表达方式。

学情分析

1. 高一学生已初步接触过演讲稿、书信等文体，但缺少对基于"内容和思想完美结合"的作品的了解。这四篇文章都涉及较复杂的历史、社会背景，其中既有文言文，又有翻译作品。特别是马克思、恩格斯的作品，学生接触不多，阅读难度较大。
2. 本单元重在"社会交往类"的文体知识学习和运用，学生平时很少有机会接触这些应用文的使用情景，学习时可能会有隔阂。
3. 从思想内容、情理交融等更高阶要求学生学会撰写应用文，学生有一定的困难，教师的指导非常重要。

学习任务设计

【学习过程】

任务一：理的力量：责任与担当——学会劝说

【学习目标】

1.自主掌握基本文言常识、梳理文章的内容和结构；

2.通过讨论归纳作者能够成功说理的原因，并能学以致用；

3.通过向校长写建议信这一情境化微写作，学习如何写建言献策类文章。

第一课时

【课前知识梳理】

课前自主梳理完成基本文言知识。

1.梳理《谏逐客令》的基本文言知识，初步扫清阅读障碍。

要求：以小组为单位，梳理《谏逐客令》的通假字、词类活用、重点实词与虚词以及特殊句式。

参考示例：

通假字：①昔缪公求士——"缪"通"穆"

②遂散六国之从——"从"同"纵"

③_____——_____

词类活用：①至今治强——动作形，安定

②西取由余于戎——名作状，向西

③_____——_____

重点实词与虚词：①窃以为过矣——私下

②窃以为过矣——过错

③_____——_____

特殊句式：①东得百里奚于宛——状语后置，正常语序是"东于宛得百里奚"

②遂霸西戎——省略句"于"，正常语序是"遂霸于西戎"

③_____——_____

……

【活动1】跟着古人学劝说

教师播放电视剧《大秦赋》中秦始皇收到李斯的"谏书"后的反应片段。视频播放停留在"秦始皇"惊呆了、若有所悟时刻的画面。

师:猜一猜,秦始皇最被"惊呆"的,可能是哪一点?先朗读文章一遍。

学生可以猜任何一句,学生猜到那里,教师就要求学生读一读这几句话,疏通一下重要的关键字词,归纳出这个句子的主要观点。活动直至把文章重要的相关句子全部疏通。

活动举例:

学生:向使四君却客而不内,疏士而不用,是使国无富利之实,而秦无强大之名也。

教师引导:

①字词疏通:这个句子中的"向使""疏士""实"做何解释?

②观点总结:这个句子代表了李斯什么样的观点?为什么他觉得秦始皇会停留在这里?

③由点到面:说一说课文中具体是怎么描述的?为自己的观点找证据。

疏通完全文后,教师要求学生小组合作,完成下表,总结秦始皇被说服的要素。

说服成功的原因	结合课文阐释

参考答案:

说服成功的原因	结合课文阐释
观点鲜明 理由充分	李斯大量援例,列举秦穆公、秦孝公、秦惠王和秦昭襄王广纳客卿、广得人才、致秦兴盛的历史事实,鲜明表达逐客弊大于利的观点。

续表

说服成功的原因	结合课文阐释
善用修辞论证多样	铺陈排比，极尽笔墨描写秦王从各地搜集而来的奇珍异宝，既增强文章说理气势，又彰显秦的强大和富饶，满足秦王称霸天下的虚荣心；巧用类比，借"泰山""河海"能积微于众的特点，表达"王者不却众庶，故能明其德"的道理；用事实论证、对比论证、正反假设论证等多种论证方式，让行文生动，可读性强，又有说服力。
态度谦卑委婉含蓄	如开篇第一句话"臣闻吏议逐客，窃以为过矣"，明明是秦王听信他人一面之词，草率下达"逐客令"，李斯却把矛盾的源头推给议论纷纷的百官，避重就轻，给足秦王面子，缓解对立情绪。再借"吏"否"秦"，暗示其非。一个"窃"字，姿态更是谦卑委婉。
站位高端针对性强	李斯并没有站在一己利益的角度来进行游说，而把"劝阻"的出发点放在"秦"统一六国的高度来进行游说。
……	

第二课时

【活动2】学以致用：我为"谏书"挑个刺

任务情境：高一下半年，高中选课开始了，同学们突然发现自己漫无头绪。有人了解到其他很多学校都开设有生涯规划课程，于是，同学们准备给校长写一封信，要求学校予以帮助，有同学代表高一段的学生给校长写了一封信。

师：如果你是校长，看到这样一封信，你会同意接受他们的建议吗？为什么？

尊敬的校长：

您好！

我是高一的一名学生。最近，我们高一将要开始进行选课，大家发现对此一无所知。听别的学校的学生说，他们都有开设选课指导的生涯规划课程，我想问校长一下，我们学校为什么不开设这门对学生极其有好处的课？我们知道，学校确实有很多事情要做，可是这件事情难道不是当务之急吗？恳请校长能考虑一下开设这门课，原因如下：

> 一是,我们实在不知道选课的具体导向;二是,我们学习比较忙,实在没有时间去了解;三是,学校应该起到作用;四是,我们的学校不能被别的学校比下去。恳请校长考虑一下我们的意见。谢谢!
> 此致
> 　敬礼!
> 　　　　　　　　　　　　　　　　高三×班　×××
> 　　　　　　　　　　　　　　　　××年×月×日

师生一起归纳该"谏信"存在的问题:

预估答案:

措辞生硬,不够委婉与尊重;说理单一,不够生动与有力;层次单薄,不够递进与深刻……

【活动3】对照《谏逐客书》归纳出来的成功经验,对照我们写给校长的信,大家认为应该在哪些方面进行改进?

学生进行小组合作,探讨改进的地方。

预估:

1.站位高度不够。建议除了自身定位,还应该站在学校的层面来考虑这次活动的意义。

2.语气用词欠妥。写信的对象没有体现出针对性,用语不得体,需改进。

3.理由不甚充分。角度比较狭窄,要多角度来举例论证。

4.说理逻辑稍乱。没有主次,不甚充分。

第三课时

【活动4】致校长的一封信(微写作)

根据大家的建议,对照教师提供的辅助写作标准,试着修改这份建议书或者自己另写一封。

尊敬的校长：

　　您好！

　　我是_____，选课就要开始了，对此，我们漫无头绪，我想代表高一学生对您说_____
_____
_____
_____

附：建言献策类文本写作评价标准

评价分值/评价标准	说理目的	说理思路与逻辑	说理形式	语言表达
7～10分	说理目的明确，表达清晰，观点有实用性、建设性、深刻性。	说理思路清晰，由浅入深，逻辑缜密，层层递进。	善于运用修辞手法，贴切自然；事例语料丰富，内容经典；合理运用多种论证方式。	语言流畅自然，措辞恰当得体，说理生动，有感染力、说服力。
5～7分	说理目的明确，表达比较清晰，观点有实用性。	说理思路清晰，深度有所欠缺，说理逻辑没有明显错误。	能够运用常见的修辞手法，事例丰富，论证较为贴切，能够运用一两种论证方式。	语言较为流畅自然，措辞恰当得体。
0～3分	有说理目的，但表达含糊，观点较为陈旧、空洞。	说理思路较为清晰，缺乏深度，逻辑较为混乱，前后矛盾。	缺乏修辞手法的润色，事例单一，缺乏典型性，论证单薄，缺乏说服力。	语言表达上有语病，措辞不符合写作者身份与说理对象，文字干瘪苍白。

任务二：情的抉择：小我与大义——学会写家信（2课时）

【学习目标】

1.体会作者两难抉择背后的艰难和崇高精神，激发自己关注与思考社会现象的意识,树立远大抱负。

2.细读文本,理解关键词语的隐含意思,把握修辞、句式、措辞等对抒发情感的作用。

3.学会写情理结合的家信。

【课前预习】

1.自信疏通字词,梳理重要字词。

2.思考这篇书信动人的原因。

第四课时

【活动1】我为"家书"挑个刺

1.选课时,父母认为选课应该更多考虑如何在选课中博取高分,而孩子们认为应该尊重自己的喜好和理想。你比较赞同谁的观点?

学生自由阐述意见(学习成绩相对较好的学校可以组织小型简单的辩论赛)。

2.一位同学喜欢物理,也立志想从事物理研究,不过,物理成绩属于中等;该生历史成绩较好,但不是很喜欢。在选课中,家长要求学生选历史,认为历史容易在高考中拿高分,但学生想选物理,认为物理是他将来想从事的事业。为了说服该学生,家长向他的孩子写了一封信,你觉得该同学会接受吗?为什么?

给选课中纠结的你

我最亲爱的孩子:

如今正值盛世,又恰逢初夏时节,你迎来了人生一次很重要的选择——选课。听你老师说,你不选我们推荐的科目——历史,我们就感到事情有点麻烦,为了你的前途,也为了这个家庭考虑,我们经过讨论,特意写了这样的一封信,表达我们的建议。

首先,你尚处在青少年,很多事情没有方方面面的周全考虑,父母考虑自然会比你周全,所以,你要听我们的;其次,学物理很难拿高分,参加的大都是高手,你在高考中不会得到很好的等级,对于你来说,毫无胜算。反而是你的历史成绩很好,你的舅舅又从事历史博物馆方面的工作,所以选历史不仅容易拿分,并且更有前途。第三,如果没有考上好的学校,你所谓的理想都不值得一提,你务必要认清现实,看明世道。要知道你的前途不仅仅关系到你自

> 己,也寄托了我们全家的希望,甚至是一个国家的希望。最后一个期望,期望你能活得实际一点,也多替我们和你自己多想一想,言已至此,望你幡然醒悟。
>
> 你的父母××
×月×号

预估:

(1)口吻不亲切,有距离感;(2)用语政治化,有官腔;(3)情感不真挚,不到位;(4)理由尚不充分;(5)目光短浅……

【活动2】跟着前辈学写信

师:家信写不好,一定是有原因的,今天我们就来学一学《与妻书》,感受一下家信的魅力。

1.同学们先说一说,初读《与妻书》带给你的感动是什么?

2.年纪轻轻的林觉民想要"舍家报国",作为妻子,人之常情,肯定是舍不得的,但是当她读完这篇书信之后,他的妻子也表示了理解。故而有人称《与妻书》为"中国第一情书",被赞"文如黄钟大吕,情如杜鹃啼血"。读完全文后,请挑选三处感动你的地方,试着从言情、句式、措辞等角度做批注。

参考示例1:

原文	批注
吾作此书,泪珠和笔墨齐下,不能竟书而欲搁笔,又恐汝不察吾衷,谓吾忍舍汝而死,谓吾不知汝之不欲吾死也,故遂忍悲为汝言之。	此句抒情曲折迂回,"而""又""故遂"等关联词写出林觉民就义之前内心的矛盾与巨大悲痛:因即将与爱妻诀别而痛彻心扉,不能落笔;又因诀别在即不得不袒露心迹而忍痛写信。因此,"泪珠"与"笔墨"更显真切、深情又悲哀,令人心有戚戚焉。

吾今与汝无言矣。吾居九泉之下遥闻汝哭声，当哭相和也。吾平日不信有鬼，今则又望其真有。今是人又言心电感应有道，吾亦望其言是实，则吾之死，吾灵尚依依旁汝也，汝不必以无侣悲。	向往民主科学的革命志士，本不信鬼怪之说，但林觉民却直言"望"其真，"亦望"其实。"望"字背后，是绵绵深情，又因只能是"望"，为这无法实现的愿景抹上一份悲情。此处借助假设想象，想象自己死后化作魂灵，"当哭相和""依依旁汝"，用另一种形式陪伴妻子，饱含浪漫主义色彩。因此，虽"无言"，却胜似千言万语。
……	……

3.《与妻书》的标题是后人取的，如果换个标题，你会换成什么？你认为哪一个标题更好？

参考：《诀别书》《明志书》《就义书》等。《与妻书》质朴简单又不失深情，革命志士林觉民为家国大义，在国家危难之际献身革命，正气凛然；又牵挂家中妻子，在悲痛到不能落笔的情境下又不得不忍痛写信，尽抒眷恋、牵挂与不舍。《诀别书》侧重于缱绻深情，更能直接表明写作对象与内容。《明志书》《就义书》等标题更能彰显林觉民舍生取义、为国捐躯的英雄本色。

4.对比阅读《谏逐客书》和《与妻书》，思考两者最大的区别在哪里，谁优谁劣？

参考：同属于书信体，两者情与理的关系大相径庭。《谏逐客书》重在说理，个人私欲藏匿于堂而皇之的滔滔说理之下；《与妻书》重在言情，但看似尽情抒写对妻子的眷恋不舍，实则以情动人，以情说理，表达自己为大义而牺牲小我的革命斗志。两者最大区别在于一情一理，一显一隐，虽然形式不一，但并无优劣之分。

第五课时

【活动3】致孩子的一封信（微写作）

1.根据我们对《与妻书》的优点分析，对照选课的时候家长给孩子的信，大家说一说，我们可以在哪些方面对这封信可以进行修改，请同学们自由发言。

预估：对象的针对性；语言的适切性；内容的选择性；情与理的结合性……

2. 选择一项进行当堂练习。

其一：修改家长的信。

其二：以"理想固然丰满，现实更是骨感"为主题，以家长的口吻，为即将成人的孩子写一封家书，表达对孩子选课的建议，使孩子更容易接受。

其三：以"现实固然残酷，但理想更是必须"为主题，以孩子的口吻，向家长阐述选课的理由，使家长同意尊重孩子的选择。

3. 自主展示并推选优秀家书。

任务三：说的艺术：听众与表达——学习演说（4课时）

【学习目标】

1. 了解演讲稿目的明确、结构清晰和语言富有感染力的特点；
2. 学会借助背景资料、模仿演讲等方式来揣摩与归纳优秀演讲稿的特点；
3. 进一步学习、提高演讲稿的写作能力。

第六课时

(一)熟悉文章内容

1. 自由诵读《在〈人民报〉创刊纪念会上的演说》和《在马克思墓前的讲话》，积累字词，了解大意。

2. 师：很多人不喜欢这两篇演讲稿，你们猜猜看，会是什么原因？

预估答案：时代的隔阂；语言的隔阂；思想的隔阂……

(二)知人论世，进一步了解文章内容

师：那我们怎么才能消除这种隔阂？

根据学生的回答，依次提供这两篇文章的"背景资源"。

（背景资源包括作者介绍，专业术语的介绍，成文的一些背景，见备课资料）

师：说一说在了解了这些背景资料之后，你对这两篇文章是不是有新的体会？

(三)对比阅读

下发卢新宁的《在这个怀疑的时代，我们依然需要信仰（节选）》

在这个怀疑的时代,我们依然需要信仰

卢新宁

(卢新宁,北京大学中文系,1988年毕业,现任人民日报社评论部主任)

敬爱的老师和亲爱的同学们:

谢谢你们叫我回家。一九八八年,我本科毕业的时候,你们中的绝大多数人还没有出生。是的,跟你们一样,我们曾在中文系就读,甚至读过同一门课程,但那是上个世纪的事了。我们之间横亘着二十多年的时光。那个时候我们称为理想的,今天或许你们笑称其为空想;那时的我们流行书生论政,今天的你们要面对诫勉谈话;那时的我们熟悉的热词是民主、自由,今天的你们记住的是"拼爹""打酱油";那个时候的我们喜欢在三角地游荡,而今天的你们习惯隐形于伟大的互联网。

我们那时的中国依然贫穷却豪情万丈,而今天这个世界第二大经济体,还在苦苦寻找迷失的幸福,无数和你们一样的青年喜欢用"囧"形容自己的处境。

二十多年时光,中国到底走了多远?存放我们青春记忆的三角地早已荡然无存。你们这一代人,有着远比我们当年更优越的条件,更广博的见识,更成熟的内心,站在更高的起点。我不需要提醒你们,未来将如何以具体琐碎消磨这份浪漫与绚烂;也不需要提醒你们,人生将以怎样的平庸世故,消解你们的万丈雄心;更不需要提醒你们,走入社会后要如何变得务实与现实,因为你们终将以一生浸淫其中。

我唯一的害怕,是你们已经不相信了——不相信规则能战胜潜规则,不相信学场有别于官场,不相信学术不等于权术,不相信风骨远胜于媚骨。你们或许不相信了,因为追求级别的越来越多,追求真理的越来越少;讲待遇的越来越多,讲理想的越来越少;大官越来越多,大师越来越少。因此,在你们走向社会之际,我想说的只是,请看护好你曾经的激情和理想。在这个怀疑的时代,我们依然需要信仰。

我知道,与我们这一代相比,你们这一代人的社会化远在你们踏上社会之前就已经开始了,国家的盛世集中在你们的大学时代,但社会的问题也凸显在你们的青春岁月。你们有我们不曾拥有的机遇,但也有我们不曾经历的挑战。

文学理论无法识别毒奶粉的成分,古典文献挡不住地沟油的泛滥。当利益成为唯一的价值,很多人把信仰、理想、道德都当成交易的筹码,我很担心,"怀

疑"会不会成为我们时代否定一切、解构一切的"粉碎机"？我们会不会因为心灰意冷而随波逐流，变成钱理群先生所言"精致利己主义"，世故老到，善于表演，懂得配合？而北大会不会像那个日本年轻人所说的，"有的是人才，却并不培养精英"？

我有一位清华毕业的同事，从大学开始，就自称是"北大的跟屁虫"，对北大人甚是敬重。他特认真地对我说："这个社会更需要的，不是北大人的适应，而是北大人的坚守。"

这让我想起陈平原先生提到西南联大老照片给自己的感动：一群衣衫褴褛的知识分子，器宇轩昂地屹立于天地间。这应当就是国人眼里北大人的形象。不管将来的你们身处何处，不管将来的你们从事什么职业，是否都能常常自问，作为北大人，我们是否还存有那种浩然之气？那种精神的魅力，充实的人生，"天地之心、生民之命、往圣绝学"，是否还能在我们心中激起共鸣？

马克思曾慨叹，法兰西不缺少有智慧的人，但缺少有骨气的人。今天的中国，同样不缺少有智慧的人，但缺少有信仰的人。当许多同龄人都陷于时代的车轮下，那些能幸免的人，不仅因为坚强，更因为信仰。不用害怕圆滑的人说你不够成熟，不用在意聪明的人说你不够明智，不要照原样接受别人推荐给你的生活，选择坚守、选择理想，选择倾听内心的呼唤，才能拥有最饱满的人生。无论中国怎样，请记得：你所站立的地方，就是你的中国；你怎么样，中国便怎么样；你是什么，中国便是什么；你有光明，中国便不会黑暗。

2012年7月1日

师：你更喜欢哪一篇？为什么？

初步讨论，说一说更喜欢的理由。

两者并没有优劣之分，学生的理由只要自由、充分就行，说更喜欢理由环节安排的主要目的是通过讨论，让学生通过辨析不同文化背景、不同主题、不同语言表达背景下的演讲稿的区别，从而感受到他们之间所呈现出来的不同风格。

第七课时

【活动1】跟着伟人学演说

师：这两篇文章会成为经典，你觉得最大可能性的理由是什么？请同学们试着从"内容选择""形式表现"和"听众表现"三个角度来探讨。

分小组讨论，每个小组选择一个角度。

	内容选择	用语特点	听众考虑
《在〈人民报〉创刊纪念会上的演说》			
《在马克思墓前的讲话》			

引导提示:《在〈人民报〉创刊纪念会上的演说》一文为演讲稿,它之所以成为经典是因为演讲内容的深刻和高度,再加上马克思在表达时多用莎士比亚经典作品中的典故,善用比喻,是一篇高度深刻思想和生动言语完美结合的演讲稿;《在马克思墓前的讲话》一文把精要的概述、精辟的评论与深情的赞美融为一体,是悼词,又超越一般的悼词,是一篇把主观情感和理性表达完美结合的悼词。

【活动2】我来说一说

同学们选择一个片段,小组合作,先模拟演说,试着对着同桌演一演。

教师请学生(各小组一组)上台表演。

学生感受、评价。

第八、九课时

【活动2】我是小小演说家(写作课)

回顾上节课对《在〈人民报〉创刊纪念会上的演说》和《在马克思墓前的讲话》之所以会成为经典演说的优点总结。

师:如果这一次选课,要求我们写一篇以"我的使命和抱负"为主题的演讲稿,我们应该注意什么?

生讨论,每个小组派个代表发言。教师用下面的表格依次呈现学生的注意点。

演讲稿					
主 题	注意点		优点呈现	缺点避免	标　准
"我的使命与抱负"	内容	主题			深刻、时代、思辨
		结构			清晰、严密、层次
	形式	手法			灵活、贴切、生动
		语言			流畅、清晰、生动
	听众意识	演讲背景			时代、交际、历史
		听众身份			年龄、文化、特定
		听众期待			预期、心理、特定

2.学生试着对照量表进行写作练习。

3.自评、互评与批改后再修改，班级中挑选优秀演讲稿展示，并请作者当堂演讲展示。

案例十　外国小说与你有约

——高中语文统编教材选择性选修上册第三单元教学解读、教学设计

单元解读

本单元收入的四部外国小说，均为节选。《大卫·科波菲尔》和《复活》是19世纪现实主义小说，《百年孤独》和《老人与海》属于近现代小说。四篇小说无论是表现社会的广度，还是深度；无论是继承传统西方小说的表现手法，还是呈现现代小说的创新度，均是经典中的经典。学习这四篇文章对于熟悉外国小说的呈现样式和提升小说的鉴赏能力，都极具价值。

《大卫·科波菲尔》通过主人公大卫·科波菲尔的眼来看周围的人物和环境，为我们展示一幅19世纪的伦敦社会生活实景；《复活》除了展示现实社会之外，更多写出了"人"在社会中如何"变"，探讨的是人的"精神复活"；《百年孤独》的魔幻性质描绘，为人们打开了小说表现方式的一片新田地，作品曲折隐晦的象征手法的运用，使得小说无论是阅读感受抑或是给予人的深思感悟都远远超出了文字本身提供的信息量；《老人与海》则是在海明威缓缓的平静的叙述中，揭示了人身上可贵的"人可以被毁灭，但不可以被打败"的精神。

这四篇小说不仅内容各异，创作手法也迥异不同，语言呈现、叙事方式更是丰富多样，呈现了朴素、怪奇、稳重又轻灵等多种小说风味。从学习的角度来看，文章的组合基本上囊括了小说的鉴赏点，体现了编者试图通过本单元的外国小说的学习，让学生体会外国小说与中国小说的不同风味，在阅读中提高对外国小说的鉴赏能力的选编目的。

教学设计

◎学习情境

同学们，为了提高你们的文学欣赏水平，学校推出了一系列的文学作品欣赏

活动，包括"与你有约——中国古典文学专题""与你有约——中国现代作品专题""与你有约——外国小说专题""与你有约——中外诗词专题"。学校要求每个班级都选择一个专题来研究，并在研究结束以后，把所有的学习成果进行整理，在校园的"艺术节"上进行展示，学校还决定对做得好的班级进行奖励。课前，经过大家的讨论，我们班准备外国小说专题。很好，其实我也很喜欢这个专题，很有挑战性，那么，今天就让我们开始外国小说欣赏之旅吧！

◎学习任务

任务一：个性推荐语——轻与重：小说题材内容的取舍；

任务二：最爱人物选——实与活：小说人物形象的塑造；

任务三：语言微讲坛——隔与通：小说语言风格的采用；

任务四：文心故事会——常与变：小说的叙事手法的选用。

设置说明：整个单元的所有文章均不再一篇篇来落实，而是作为整个学习活动的素材，体现基于整个大单元的设计。学习过程设计四个活动，相对应于鉴赏小说的四个角度。"个性推荐语——轻与重：小说题材内容的取舍"是起始课，该课的设计目的是熟悉整个专题文本的内容，是整体学习任务推进的先提条件。其他三个活动分别用来学习外国小说的人物形象的塑造、语言风格的体会、叙事手法的采用。起始课是基础，强调内容熟悉，其他三课可调换前后顺序，强调小说技巧的鉴赏。

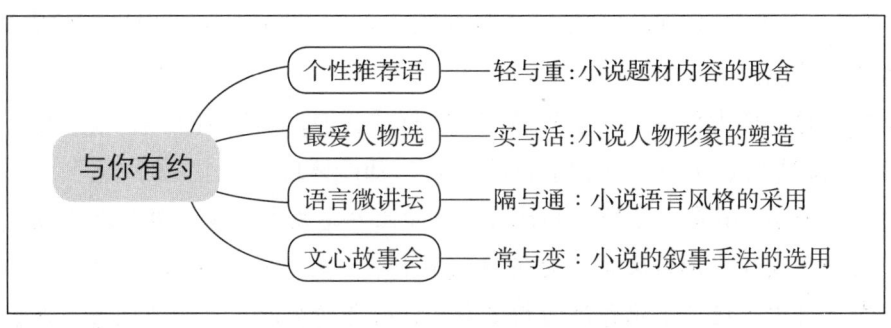

学习任务与学习活动设计示意图

◎学习活动设计

活动一：个性推荐语——轻与重：小说题材内容的取舍

活动全称为"我来为《　　》写推荐语"，要求学生通读专题所选文章，然后选择自己最喜欢的一篇文章,细读后写一段推荐语。所写的推荐语至少包含三个方面的内容:作者简介、内容概述、选材特点、思想高度。

活动环节1:"我来为《　　　》写推荐语"。

要求:通读专题所选文章,然后选择自己最喜欢的一篇文章,细读后写一段推荐语,作为本次活动的会场布置。所写的推荐语至少包含四个方面的内容:作者简介、内容概述、选材特点、思想高度。

活动环节2:学生上台展示自己的推荐语。

> 参考范例一:这是一篇硬汉的战斗檄文。"迷惘的一代"的代表作家海明威以新闻记者的冷静简洁的笔触,直接呈现了惊心动魄的场景。小说描写了一个老人孤身在茫茫大海上与众多鲨鱼搏斗最终失败的故事。而被打败的还有自然规律上的年老体衰,情感上的孤独迷茫,更有意志上的畏惧放弃。人生如海,永不言败。
>
> 参考范例二:一个老人,一条小船,一片大海,抒情安逸的故事情境上增添了一批批凶猛残忍的鲨鱼。于是,海明威为他所钟爱的硬汉找到了灵魂,自信,坚毅,永不言败。这是古希腊悲剧精神的现代回响。一个人真正的胜利,应该体现在精神与灵魂上的永不言败。

活动环节3:分析推荐语的高频用词,看看同学们在推荐语中都有哪些高频词(预设:揭露现实、取材普遍、主题深刻……)。分析一下,通过这些高频词,你有什么发现?

教师总结伟大作品的一般性特点:取材的普遍性(小说的"轻"),主题的深重性(小说的"重")——小说取材的"轻",却能体现小说主题的"重"。

设计说明:环节1、2的主要目的是让学生熟悉文本内容。学生为了写好推荐语,就必须读懂、读好文章,为了避免学生架空文本而达不到熟悉文本的目的,因此在活动中我规定了推荐语的指定内容,避免学生漫无目的地阐述续写;环节3主要是引导同学们关注经典作品的共同特点,明确小说的"取材普遍地'轻'"和"主题深厚的'重'"——为本堂课学习的最终目的,教学的最终归宿。

活动二:最爱人物选——实与活:小说人物形象的塑造

活动全称为"我最喜爱的人物评选",要求学生在专题所选的文章中,选择你最喜欢的人物,并结合课文的内容说明理由。

活动环节1：在本单元选文中，你最喜欢哪一个人物？请结合文章试着从多个角度来说明喜欢的理由（人物性格、人物品质、人物形象等）。

活动环节2：猜一猜别的同学为什么不选你所喜欢的人物的原因？

活动环节3：替你喜欢的人物写一段人物形象介绍语，上台模仿"感动中国颁奖形式"展示。

参考范例：

> 人物形象介绍语——大卫·科波菲尔
>
> 你无疑是不幸的，小小的身躯承载着太多辛酸磨难；然而你又是幸运的，总有温暖的光束抚慰着人生的伤痛。你用善良、宽厚、仁爱的品格书写了一段与命运抗争的血泪史，传达着震撼人心的磅礴向上的力量；你用人道主义精神开启了那一道道尘封的童年之门，阳光从那错开的门缝间挤出来，于是门外枯木逢春。"强者自救，圣者渡人。"在逆境中挣扎的强者总会看见黎明的曙光，大卫·科波菲尔，你不仅救赎了自我，也成了千万读者成长的摆渡人，诠释着善良的人终会找到可喜的归宿之意义。
>
> 人物形象介绍语——聂赫留朵夫
>
> 一次精神的复活，一场灵魂的救赎。你在声色虚无的世界里迷失了自我，堕入恶的深渊，却在再遇玛丝洛娃的那一刻重新审视内心，直面那不堪的过去，叩响复活之门。那一次次的犹豫和徘徊，是卑劣与高尚的搏斗；那一次次的谴责与忏悔，是良知的胜利，是人性的复苏。长夜漫漫，何以消散？唯有自己成为光，聂赫留朵夫正是在自我忏悔和精神觉醒中绽放出人性美的蓓蕾，洗涤着灵魂的污垢。
>
> 人物形象介绍语——桑提亚哥
>
> 一个人，一条船，在茫茫大海里，你渺小得如一粒尘埃；一个人，一身胆，在汹涌的急流中，你坚定得像一座山！当困难来临时，你毫不畏惧——与鲨鱼斗争；当失败降临时，你漠然视之——保持乐观。胜利，还是失败？就在你的一念之间，肉体的折磨，意志的坚决，正验证了一句话：人可以失败，但不可以被击败。海洋上的愚公，手提鱼叉的战士，灾难与坎坷磨炼了你的性格，坚韧和执着造就了你的不屈。桑提亚哥，你用行动向我们诠释了什么是勇敢，你用行动捍卫了人类灵魂的尊严。

活动环节4：四人为一小组，选择一个人物形象，结合选文，探究"是什么使得人物如此鲜活"，并派一个代表说说你们的发现。

教师适时总结每篇文章人物塑造的方法，着重引导学生明白人物形象的丰满性（实）和人物的个性特质（活）。

设计说明：本节课通过对人物形象的介绍语撰写，来完成对人物形象的概括和分析，通过环节4的活动来探究塑造人物形象的主要技巧。

活动三：语言微讲坛——隔与通：小说语言风格的采用

【设想】活动全称为"我来说说小说语言风格"，要求学生在文本中找到对应的内容来体会小说语言的各种风格。

活动环节1：语言风格造成的阅读上的隔与通。

师：同学们是不是有这样的感觉：在读一些小说的时候，有些小说读起来特别的顺畅，有的却特别晦涩，或者说，有些小说特别适合你的口味，有的虽然是经典，但你总是感觉与你格格不入？甚至在同一本小说中的不同的地方，你也会有这样的感觉？你觉得是什么原因造成的？

（预设：小说的语言表达形式造成了读者与它的"隔"与"通"）

师：与你"通"的，你可能觉得是好作品，与你"隔"的，你可能觉得不是好作品。事实上，每个作品都有自己的特点，同学们不能只读自己喜欢的，因为"在不同的景区会有不同的风景"，今天我们就来学习语言的风格，希望能化"隔"为"通"，汲取到更多的营养。

教师给出若干体现小说语言风格隔与通的选题（如简繁、缓急、藏隐等），供学生参考。

选题1：小说语言的简与繁（参考意见：结合《老人与海》和《百年孤独》）

选题2：小说语言的缓与急（参考意见：结合《老人与海》和《大卫·科波菲尔》）

选题3：小说语言的藏与隐（参考意见：结合《大卫·科波菲尔》和《复活》）

选题4：小说语言的庄严与轻松（参考意见：结合《复活》和《百年孤独》）

学生以小组的形式，讨论确定本组的一个选题。

组内分工合作，有序进行准备工作——找小说中与该选题契合的文本依据，运用网络和工具书查阅相关资料，讨论撰写讲演稿，组内推选讲演人，组内进行讲演彩排等。

活动环节2：正式举行班级微讲坛，互动分享。

活动环节3：根据微讲坛的学习成果，汇编各组讲稿，形成语言风格鉴赏小文集。

后续活动或作业：模仿该小说的语言风格，创作一个小说片段。

设计说明：本环节主要想让学生体会不同语言的风格。活动环节1考虑到学生对语言风格的陌生，所以提供了范例。学生在范例的指导下进行与文本的印证，来体会这几篇文章的不同的语言风格。学生在理解的基础上，将活动拓展到整个单元乃至课外，使之最后形成语言风格鉴赏小文集，并学以致用，模仿文本语言风格进行创作。

活动四：文心故事会——常与变：小说叙事方式的选用

【设想】活动全称"换种方式讲故事"，要求学生用不同于作者原先的方式来讲述节选的故事，从而体会到故事叙事方式的"常"与"变"。

活动环节1：换种形式讲故事。教师出示几个选题，供学生选择。

> 选题1：用第三人称叙述《大卫·科波菲尔》节选中的段落。（参考章节："我去监狱看望米考伯"的段落）
>
> 选题2：用玛丝洛娃的视角重新讲述故事。（参考章节："法庭上再相遇"的判断；"监狱见面"的判断）
>
> 选题3：按照现实主义的手法重新讲述丽贝卡到达马孔多后发生的故事，要求使故事变得真实可信。
>
> 选题4：按照浪漫主义的手法重新讲述渔夫与鲨鱼搏斗的一个场景，要求使故事变得离奇、不可思议。

学生以小组的形式，讨论确定本组的一个选题。

组内分工合作，有序进行准备工作——构思讲述思路，组内推选讲述人，组内进行讲演彩排等。

活动环节2：正式举行故事分享会，互动分享。

活动环节3：讨论一下，如果原文的讲述是"常"，现在的讲述是"变"，你觉得哪一种方式可能会更好？

在讨论的时候，教师出示讨论的议题。

> 议题一：人称的选择是不是小说家刻意选择的结果？"让谁来说"是不是有小说家的考量？
>
> 议题二：现实主义和浪漫主义的叙事方式是不是有高下之分？它的选择是不是有作者的考量？

总结：合适的就是最好的。作者在选择叙事方式的时候往往根据小说的主题、小说呈现的效果、作者本身的用语习惯、社会的影响等来确定。

设计说明：通过本节课的学习活动，让学生从不同的角度来重新叙述故事，可以得到与原文不同的效果。通过比较，使学生明白人称叙述的视角是作者考量的结果，叙事方式的选择则跟文章的主旨等因素有关。

◎学习测评

1.阅读表格，再把空格处补充完整，针对名句或精彩段落（不限于单元的节选）进行点评，不少于50个字。

作　者	书　名	名句、精彩段落	点　评
狄更斯			
	《复活》		
		多年以后，面对枪决行刑队，奥雷良诺·布恩迪亚上校将会想起，他父亲带他去见识冰块的那个遥远的下午	
	《老人与海》	一个人可以被毁灭，但不能被打败	

设计说明：完成这个表格的目的是引导学生识记常见的文学常识，关注整本书的阅读，关注书中的名句、精彩段落等，借此培养学生的阅读习惯，并让学生深入理解作品。

2.丽贝卡的患病和何塞·阿尔卡迪奥·布恩迪亚对疫情的处理与2020年的疫

情有很多相似之处，现在请你模仿文章的笔调，写一篇以2020年疫情为背景的小小说。

设计说明：本题的目的是学以致用，一是通过小说与现实的映照对比，使学生明白文学反映现实的使命；二是模拟小说的笔调，进行创作锻炼，完成单元的写作任务——写作一篇小小说。

3. 有人说"一切文学作品都是自身史"，对此，你怎么看？请阅读本单元相关的四本书，上网查阅作者等相关资料，选择一至两本书，以小组分工合作的形式完成。在班级中举办一次交流分享会，分享你们的发现或者以结集的方式出版一期班刊。

设计说明：本题设计的目的是引导学生关注文学作品的另一个隐蔽的功能：展现作者本身的作用。很多伟大的作品都无可避免地隐含着作者本身的影子，如果能引导学生读出这一个层面的意义，将会大大提升阅读的质量。

专家评析

"做任务"让学习发生了什么变化？
——评周康平《与你有约——外国小说专题》教学设计

黄华伟　浙江省教育厅教研室

2017年版课标"落实"到教学层面后，产生了许多值得探讨的问题，"做任务"替代"教课文"或是其中颇有价值的一个，限于篇幅，这里结合周康平老师的设计，简单说说它带来的可能变化。

一、评价切实，指向"明确有力"

"做任务"跟"项目学习"有亲缘关系，具备"工程思维"特点，它首先要问的就是学习最后要做成怎样的成果，并要求成果具备"可见可测"的"客观性"。——它有可能会帮助语文教学改进长期以来相对较随意、难规范的"教学现状"；对学生来说，能更明确地感知"我要做什么""我要做成什么"，从而使学习更加切实。从教学设计或"学习任务设计"角度看，从教师的教学"导演"角色看，"学教评"中的"评"，应该受到更多关注，要发挥其在教学中的引导作用。

当然，把评价做得富有学习意义并充满吸引力，非常考验一线老师的实践能力，它应该是当代高中语文教师核心技术之一。周老师在"学习测评"中设置了三个内容：①填补表格中空格，点评精彩名句、段落。②……模仿文章……写一篇以2020年疫情为背景的小小说。③选择一至两本书……交流分享……分享发现或者出版一期班刊。它们的共同特点是：明确，操作性强，有"物化"成果。

于是，通过"设计"，教师给学生更大的学习"知情权""主动权"，"做任务"一定程度上替代了教师在"教课文"过程中较烦琐的"引导""指导"。

二、参与充分，注重"抒写发现"

要"完成任务"就要让学生"动起来"，这是"做任务"带给学习的另一变化。重要的还在于，这种"动"可选择且鼓励学生展现个性，而不是整齐划一的"命令""要求"。比如"选择自己最喜欢的一篇文章""我最喜爱的人物评选""从多个角度来说明""我来说说小说语言风格"，让学生把注意力集中到"我喜欢"的内容上。然后再给出贴心的指导、助力，明确任务内容，降低任务难度，比如"写推荐语"时要求"包含四个方面的内容"等。

另一方面，"动起来"绝非"跑来跑去"，周老师的设计中，更多的是"静下来"的"写"，比如"写推荐语""写人物介绍语""写语言微论坛的讲稿"等。换句话说，"任务驱动"下的"研习"，要注重的是学生在"语言运用方面"和在"选择、思考"方面的"动"。它提醒我们牢记："学习任务"是语文课程的学习任务而不是任何其他内容，高中语文更应注重"内涵发展"。

这样"柔性"且偏重于"抒写发现"的学习任务，扣住"语文"学科本位的同时，也有利于释放并维持学生"做任务"的内驱力。

三、起点提高，引导"看到更多"

老师们之所以普遍觉得"做任务"比"教课文"要艰难，是因为"做任务"的起点更高。它意味着教学要从"读懂"后开始，就像周老师在设计中所说的"学生为了写好推荐语，他必须先读懂文章"一样。这种设计基于一线教师对当代高中生阅读能力、教学内容的总体判断：当代高中生已经有能力自主读懂类似的文章，教学内容方面没有必要过多停留在"理解"层面。——对"选择性必修"阶段的"外国作家作品研习"来说，更应如此。

同时，"做任务"意味着教学应走向开放，不能囿于"文本之内"。学生如果要把"推荐语""人物介绍语"等内容写好，可能还要由阅读"节选"进而去阅读"整本书"，去了解作者、写作背景、相关评价等，甚至还要对写作流派、民族历史文化特点等方面作纵深探究。因为，就"外国作家作品研习"任务群来说，"理解、鉴赏"文学作品只是基础,学习任务群更希望借此达成"了解若干国家和民族不同时期的社会文化面貌,感受人类精神世界的丰富,培养阅读外国经典作品的兴趣和开放的文化心态"的目标。也就是说,阅读教学中的"做任务",更应引导学生阅读更多,"看到更多"。

概言之,"做任务"可能让学习发生了如下变化:教师的教更多地让位于学生的做,能释放并维持学生更多更持久的学习内驱力,对学习提出了"学得更多""学得更高级"的要求。

第二部分

营造教学评一致的真实课堂

第一章　让教学可测可见

第一节　可测可见：课堂落实的显性化

课堂讲究效果，但"有效果"的标准很难界定，也很难清晰呈现。语文教学成果的难以界定（或者教者本身就没有有意识地去界定）使得语文教学有点"漫无边际"之感，明显地影响了语文教学的效果。

我们可不可以这样来设想：每一堂课，我们都可以设置一些"标准"，使得能在课堂上可见到或者可测出教学效果，然后用可以具体化的、可以测量的、可以看见的评价标准来倒逼课堂设计的取向。比如，一堂作文课，可以制订一个量表，利用量表来测算学生是否达到效果（学生在规定时间内写成多少字？能否围绕某一个主题等等），以此来直观地展现教学成果。再比如，在课堂中，通过各种提问来测定学生对学习的掌握情况；通过"表演标准的衡量"来看学生的理解程度……使得课堂落实呈现鲜明的显性化，让我们的教学成果可测可见。

课堂落实的显性化能促进教学设计对教学效果的自觉追求，在某种程度上督促课堂教学的"终极考虑"。为了达到这样的显性化，我们得先弄清楚哪些可以作为显性学习成果的呈现。在当下，显性学习成果基本上可认定为三个方面：一是课堂中学生的表现，主要包括"表演、课本剧、分角色诵读、音频……"等，这些学习成果的可见可测是因为学生在表述时会带有对文本的理解和思维品质的呈现，效果呈现在过程之中；二是文本的呈现，包括"写作片段、图表导图、诗集、作文集……"等，这些学习成果是由具体的实物呈现，是课堂教学后最为直观的成果；三是测试的印证，测试不仅仅只是笔试，还包括口头测试等，这些测试是课堂教学后的一种"评价"，是验证课堂教学是否有效、高效的标志。

在新课程推进过程中，在让教学成果可测可见方面，很多老师做出了自己有益的探索。比如，部编版必修上册第一单元是现代诗歌学习，通过对第一单元的现代诗歌的熟悉、梳理和理解，学生在教师的带领下，开始了现代诗歌的创作。

教师在学生创作过程中予以指导,在作品上交后,予以修改,最后把全班的诗作编辑成册,这个小册子就是可测可见的教学成果,学生很是喜欢。这样的学习成果大大激发了学生学习的兴趣,是学习成果可测可见的典型例子。同样的道理,部编版第七单元是对散文(包括现代散文、古代散文)的学习,学生在教师的带领下,通过一个单元的学习,逐步积累了散文写作的一些片段练习和当堂习作,在教师的引导下编辑成册,陈列于教室之中,高中三年,学生这样的习作估计有很多本。部编版必修下册的《雷雨》,教师在梳理完教学内容后,试着组织学生对《雷雨》进行剧本改编(或者直接排练),并作表演。有条件的,在学校层面组织,进行大型剧本表演;没有条件的,就在教室里简单地演一演。通过演一演,说一说,在学生的表演中让学生体会主人公的人物形象,在表演中体会剧本中的矛盾发展、语言范式、表演拿捏的妙处。此外,对于一些非常精妙的小说,我们可以分角色读一读;一些精美的散文可以配乐读一读。以上所举的例子,针对的是不同的文本、不同的单元任务,但让教学成果可见是共同的追求。

  当然,我们在教学之前,还可以考虑把教学目标进行测试化设计。想一想,如果教这课书,我想要达到什么目的,这个目的如果用试题的形式出现,会有怎样的设计。这样考虑,会督促自己的教学设计显得更加"有用"。我们先前都曾经历这样的状况:我们辛辛苦苦上完了一节课,自我感觉非常不错,最后拿试卷一检测,感到教得好的和教得差的,成绩都差不多(当然这里有一个前提条件,试卷的质量是没有问题的),出现教考割裂的状况。这种教学评不一致的状况由来已久,实在令人担忧,也是教学中值得深思的问题。

  在新课程中,人人都在谈核心素养,语文课自然要落实核心素养。我觉得要想让核心素养真实落地,就要通过一些手段来实现,追求教学成果的可视化,就是一条很重要的路径。

  2020年12月,我的名师工作室在乐清柳市中学举办了一次活动,活动的主题就是"让教学成果可测可见"。参加活动的学员提供了很好的可测可见的范例。文成武阳学院的刘大为老师提供了一堂非常典型的课,他上课的内容是必修上册第二单元《芣苢》《插秧歌》的课文阅读。我们来看一下刘老师对教学成果可测可见的安排:

> 【活动三】请结合本节课所学,为"劳动"重新下一个定义
>
> 1.【表现性任务】下发学习效果检测单,请学生根据句式提示完成定义填空。
>
> 劳动是一种通过_____,收获_____,从而产生_____感的人类活动。
>
> 2.【检测性任务】
>
> 请学生接下去独立完成检测单上关于本课文言字词及表达特点的5道选择题。
>
> 3.【检测性成果】
>
> 请学生公布答案并解释,统计全班正确回答率。如果80%以上的同学做对80%以上的题目,即可证明学习目标已达成。
>
> 4.【表现性成果】
>
> 请学生总结"劳动"的定义,如能突出"过程辛苦""社会财富""幸福感"三个要素,即可证明学习目标已达成。

我们特别关注他的教学效果检测:一是为劳动下定义(可测);二是检测卷的使用(可测);三是学生前后回答问题的对比(可见)。我们发现他所关注的三个对象都是可测可见的:定义的前后对比;检测卷的评价导向;学生回答中的过程性评价。可以说,全堂课是在某种强烈的"可以见到教学成果"的"教学目的"导向牵引下设计和推进的。

旧有语文课堂最大的弊端就是教师随意性太大。相同的文本,除了教参的一种导向之外,很多教师对文本进行了第二次开发。语文教学是非常提倡文本的二次开发的,这也是教师的基本功之一,但是随着二次开发所带来的"无边界性""随意性"的问题,也不得不引起我们的重视,更严重的问题是它常常会产生了语文教学的副产品——"语文可以乱教""语文多上一节、少上一节都可以"。这就是不太明显的教学效果呈现所导致的恶果。

在刘老师的课堂中,明确的教学检测标准保证了课前设计的导向,可测可见的学习成果保证了对教学目标是否达成有了直观的效果。在上课过程中,我们明显地看到教师所有的设计环节都紧紧围绕着效果检测的内容,这种教学的紧凑感和针对性在以往的课堂中比较少见到。我想,只要我们把教学结果的前置考虑好,在教学设计的时候把我们需要落实的核心素养融入评价的设计之中,这样的

课堂自然会符合新课程理念，课堂转型就会是自然而然的事情了，我觉得这实在是落实课堂转型的一条非常好的路径。浙江省教研室主任任学宝强调课堂教学转型落实到位的关键在于能否促进学生深度学习，可以从确立伙伴关系的师生角色、搭建学与教桥梁的任务设计、实施指向证据描述的素养评价、提升一致性的教研领导力等方面开展深度学习的研究与实践。教学成果的可测可见就是用实施指向证据描述的素养评价来推动新型课堂的转型。

在实践中我们发现，要想做到教学成果的可测可见，这几个关键的地方很重要。

首先是教学目标确定的时候，要注意预估教学成果的可测可见。在撰写教学目标的时候，最好能清晰地描述出教学成果达成的状态。我们来比较两条教学目标的撰写："通过学习本单元的诗歌，感受现代诗歌的特点，并试着创作现代诗歌。""通过学习本单元的诗歌，感受到现代诗歌与古代诗歌的区别，学完后能创作一首围绕意象而展开的现代诗歌。"我们明显地看到，前者相对比较"虚"。"感受诗歌的特点""试着创作"等等用语，对于教师们来说，没有相对具体的标准，故而操作空间较为自由和随意。后者的描述，"现代诗歌和古代诗歌的区别""能创作一首围绕意象而展开的现代诗歌"，很清楚地指出这堂课最后教学要达到的目的：通过具体的比较对象来"感受"现代诗歌的特点；要写一首现代诗歌，而且给出了具体的载体支架——意象。也就是说后者提供了具体的学习结果以及教学目标达成的清晰化。教学成果的清晰化，会给教学设计的清晰化带来清晰的路径。

其次是在做教学设计时尽量从评价的角度来思考。在前文中，我们曾提过评价对于教学的修正作用，在拟定教学目标时试着做把教学目标"测试化"的尝试——命题化的教学目标更容易让教学成果可视化。当然，我在这里要提醒大家的是：这样的"评价"首先是基于一种符合核心素养的命题，不然，又会成为旧有的"考什么，教什么"的变体。

最后是教师在设计的时候，尽可能地设计一些评价量表，用来把一些侧重于过程化的评价，用量表的形式来呈现。比如学生在学习完部编版必修下册第五单元后，目标为：学生会发表演说。这种"发表演说"的评价，以往就是学生和教师凭自己的感觉来对此进行相对"抽象"的评价。这样的评价往往流于形式，相对"虚"一点。如果，学生和教师手头拥有一张相对清晰的评价量表，情况就会不一样了。如下表。

主 题	评价点		演讲稿		
			优点呈现	缺点避免	标　准
	内容	主题			深刻、时代、思辨
		结构			清晰、严密、层次
	形式	手法			灵活、贴切、生动
		语言			流畅、清晰、生动
	听众意识	演讲背景			时代、交际、历史
		听众身份			年龄、文化、特定
		听众期待			预期、心理、特定

一旦有评价的抓手，对"演说"的评价就会相对"可视化、清晰化"，更有"针对性"。

当然，语文自有其本身与其他学科不一样的地方，并非所有的教学成果都能可测可见，思维品质的发展，学生能力的提升，往往很难被察觉、被观测到，但并不代表着这堂课的无效。

第二节　学而有用：基于解决问题的最真实情境

在学习成果中，对学生最有激励的，莫过于学习以后，能当场见到学习效果。所以在备课设计中，教师尽量要考虑本堂课中如何让学生体会到学习所带来的成功乐趣，考虑让学生在学习中能真实地学到解决问题的方法，让学习成果可测可见，也就是我们常常说的"学而有用"。

前面所提到的戏剧表演，学生们为什么会在毕业后依然记得，就是因为他们在学完戏剧之后，想不到自己竟然可以用与想象中一致的姿态去体验真实的表演；学习完了现代诗歌，他们发现（当然，不会是全部，有些人初中就已经有这种体验了）能写一些虽然稚嫩但是能充分展现全新自己的习作，他们便会觉得有收获感。在所有的情境设计中，没有能比可以解决问题的情境显得更加真实，是学习成果可测可见的高级课堂形式。我们教学追求的是，力求设计不只是停留在教师们所认为的有用的基础上，而是要考虑学生所能体会到的"有用"的层面。下面的两个案例都是我们试图让教学成果"有用"的具体阐释，供大家参考。

案例十一　跟着伟人学写作——《反对党八股》篇

课堂背景

2020年末，我参与省百人千场送教下乡活动。在送教之前，我联系过送教学校的师生，询问过我可以给他们上什么内容的课。教师们觉得部编版上册的《反对党八股》最难上，而学生们则要求上一节作文课。于是我便想，何不就上《反对党八股》，把教师和学生的要求结合起来。在备课之前，我就给自己定位：这一堂课必须让学生觉得"有用"。至于作文课，"有用"的标志自然是当堂指导完后，能写一段话，最好是一篇文章。出于这个考虑，我对《反对党八股》进行写作化的处理，使它既可以符合新编教材中"任务群"中"思辨"的要求，又可以作为写作的范例。这堂课最后基本上达到了预期的要求。我们全班师生最后合作完成了一篇800字左右的文章。最让人高兴的是，他们的校长告诉我，其中一位参与合作的学生平时作文基础较差，就连相对完整的一段话都难以完成，现在居然也完成了合作的任务。可见，设计处理和指导起到了作用。

课堂实录

一、意在彼，先言他物

师：（PPT出示课题《反对党八股》）这是老师们最不喜欢上的一篇文章，也是学生最不喜欢学的一篇文章。你们知道为什么嘛？

生：文章内容不太吸引人，没什么兴趣。（生笑）

师：的确，老师们也都是这么说的，他们说，如果题目改一下可能就会好些。我觉得很好奇，题目能改成什么呢？（出示PPT）

> 反对"八阿哥"
> 一个伟人的八个鄙视

我看了一下修改后的题目，心里咯噔了一下，出题目的人想干什么？我们把这种人称作什么？

生都在笑，不答。

师：我发现这类人还挺多的，上网查了下，很有意思。

反对"八阿哥"　一个伟人的八个鄙视

国家一级动物为何命丧公安局局长之手？

妙龄美妇泣血控诉：大师，夺我丈夫，你情何以堪？

从贫贱到自强　三兄弟的旷世奇恋

狠心母亲虐待火柴幻想症少女　祖母不忍，勾其魂入天国

震惊！温州飞机场八个空姐被杀……

读《浮生六记》有感

（出示PPT）"国家一级动物为何命丧公安局局长之手？"你们猜猜，对应这个标题的应该是哪本书？

（生没发现）

师：就是《武松打虎》啊！

（生有很强的学习兴趣）

教师依次指着PPT。

师："妙龄美妇泣血控诉：大师，夺我丈夫，你情何以堪？"。

生：《白蛇传》。

师："从贫贱到自强 三兄弟的旷世奇恋"。

生：《三国演义》。

师："狠心母亲虐待火柴幻想症少女 祖母不忍，勾其魂入天国"。

生：《卖火柴的小女孩》。

（生已经蓄足了上课的兴趣）

师：非要这么做，大家才感兴趣吗？这些是什么人啊？

生：标题党（师板书）。

教师继续出示一个标题。"震惊！温州飞机场八个空姐被杀……"

师：天哪，我第一次读到这个标题，吓呆了，以为是人命案。我点进去一看，原来是温州飞机场蚊子很多，你看，这标题取的……

（教师故作惊呆状）

师：我自己也有一个经验。有一次在读了《浮生六记》以后，对里面的女主人公很有印象，连夜写了一篇读后感，取名为"读《浮生六记》有感"，没想到，一个月阅读点击量寥寥无几。我一气之下，改了个标题，取名曰"一个美丽了300年的女人"，你们知道吗？点击量噌噌地上涨了。

（生大笑）

师：这个标题党的确在哗众取宠，你觉得标题党还有哪些危害吗？

生：与事实有所出入，表里不一。

生：容易产生审美疲劳。

生：也许今后真的有空姐被杀，也无人关注了。我觉得智商有下降。

师：你的意思是说读了这样的文章，会让人智商下降，对吧？

（生表示赞同）

二、欲言其妙，先解其妙

师：《反对党八股》就是反对党八股，我觉得题目挺好的，简单明了。我在想是不是很多人就是因为看到题目就想当然地、先入为主地认为文本会枯燥。实际上，只要我们认真地去读一读，就会发现本文实在是经典。就拿文本的脉络来说吧，请同学们把开头、结尾和每一条罪状连起齐声朗读一遍，你们会发现毛泽东是何等厉害的人物。

（生齐声朗读文本第一段、每一个段落的开头一句、最后一段）

师：本文的结构特点是？

生：总分总。

师：同学们，是不是特别清楚？其实，就算我们撇开文本内容，就把它当作写作的学习范本，本文也绝对是上乘的。毛泽东的厉害之处还不仅仅限于此，本文的厉害在于毛泽东展开每一条罪状的时候，论述方式都不一样。

PPT出示第一条罪状（文章中第一段）的内容。内容由教师重新分过段，以便于学生迅速地发现论述展开的思路。

党八股的第一条罪状是：空话连篇，言之无物。	观点
我们有些同志欢喜写长文章，但是没有什么内容，真是"懒婆娘的裹脚，又长又臭"。	观点阐述
为什么一定要写得那么长，又那么空空洞洞的呢？只有一种解释，就是下决心不要群众看。因为长而且空，群众见了就摇头，哪里还肯看下去呢？只好去欺负幼稚的人，在他们中间散布坏影响，造成坏习惯。	分析原因
去年六月二十二日，苏联进行那么大的反侵略战争，斯大林在七月三日发表了一篇演说，还只有我们《解放日报》一篇社论那样长。要是我们的老爷写起来，那就不得了，起码得有几万字。	举例论证（反面） 举例论证（正面）
现在是在战争的时期，我们应该研究一下文章怎样写得短些，写得精粹些。延安虽然还没有战争，但军队天天在前方打仗，后方也工作忙，文章太长了，有谁来看呢？有些同志在前方也喜欢写长报告。他们辛辛苦苦地写了，送来了，其目的是要我们看的。可是怎么敢看呢？长而空不好，短而空就好吗？也不好。我们应当禁绝一切空话。但是主要的和首先的任务，是把那些又长又臭的懒婆娘的裹脚，赶快扔到垃圾桶里	提出建议

去。或者有人要说：《资本论》不是很长的吗？那又怎么办？这是好办的，看下去就是了。俗话说："到什么山上唱什么歌。"又说："看菜吃饭，量体裁衣。"我们无论做什么事都要看情形办理，文章和演说也是这样。	辩证观点
我们反对的是空话连篇言之无物的八股调，不是说任何东西都以短为好。	
战争时期固然需要短文章，但尤其需要有内容的文章。最不应该、最要反对的是言之无物的文章。演说也是一样，空话连篇言之无物的演说，是必须停止的。	强调观点

师生一起分析毛泽东在分析第一条罪状的时候的论述逻辑：

观点—观点阐述—分析原因—举例论证（正反）—提出建议—辩证观点—强调观点。

师再次强调，这一个片段便是一篇作文的论述思路。

接下来，教师要求学生以此为例，自行分析"其余罪状"的展开思路。

教师分发经过段落编辑的文本，把其余五条罪状随机分给学生，以保证每一条罪状均有学生去完成。

学生稿

党八股的第二条罪状是：装腔作势，借以吓人 有些党八股，不只是空话连篇，而且装样子故意吓人，这里面包含着很坏的毒素。 空话连篇，言之无物，还可以说是幼稚；装腔作势，借以吓人，则不但是幼稚，简直是无赖了。鲁迅曾经批评过这种人，他说："辱骂和恐吓决不是战斗。"科学的东西，随便什么时候都是不怕人家批评的，因为科学是真理，决不怕人家驳。主观主义和宗派主义的东西，表现在党八股式的文章和演说里面，却生怕人家驳，非常胆怯，于是就靠装样子吓人；以为这一吓，人家就会闭口，自己就可以"得胜回朝"了。这种装腔作势的东西，不能反映真理，而是妨害真理的。凡真理都不装样子吓人，它只是老老实实地说下去和做下去。 从前许多同志的文章和演说里面，常常有两个名词：一个叫作"残酷斗争"，一个叫作"无情打击"。这种手段，用来对付敌人或敌对思想是完全必要的，用来对付自己的同志则是错误的。	观点

党内也常常有敌人和敌对思想混进来，如《苏联共产党（布）历史简要读本》结束语第四条所说的那样。对于这种人，毫无疑义地是应该采用残酷斗争或无情打击的手段的，因为那些坏人正在利用这种手段对付党，我们如果还对他们宽容，那就会正中坏人的奸计。但是不能用同一手段对付偶然犯错误的同志；对于这类同志，就须使用批评和自我批评的方法，这就是《苏联共产党（布）历史简要读本》结束语第五条所说的方法。从前我们那些同志之所以向这些同志也大讲其"残酷斗争"和"无情打击"，一方面是没有分析对象，一方面就是为着装腔作势，借以吓人。 无论对什么人，装腔作势借以吓人的方法，都是要不得的。因为这种吓人战术，对敌人是毫无用处，对同志只有损害。这种吓人战术，是剥削阶级以及流氓无产者所惯用的手段，无产阶级不需要这类手段。无产阶级的最尖锐最有效的武器只有一个，那就是严肃的战斗的科学态度。共产党不靠吓人吃饭，而是靠马克思列宁主义的真理吃饭，靠实事求是吃饭，靠科学吃饭。至于以装腔作势来达到名誉和地位的目的，那更是卑劣的念头，不待说的了。	
总之，任何机关做决定、发指示，任何同志写文章、做演说，一概要靠马克思列宁主义的真理，要靠有用。只有靠了这个才能争取革命胜利，其他都是无益的。	结论
党八股的第三条罪状是：无的放矢，不看对象 早几年，在延安城墙上，曾经看见过这样一个标语："工人农民联合起来争取抗日胜利。"这个标语的意思并不坏，可是那工人的工字第二笔不是写的一直，而是转了两个弯子，写成了"エ"字。人字呢？在右边一笔加了三撇，写成了"亻"字。这位同志是古代文人学士的学生是无疑的了，可是他却要写在抗战时期延安这地方的墙壁上，就有些莫名其妙了。大概他的意思也是发誓不要老百姓看，否则就很难得到解释。 共产党员如果真想做宣传，就要看对象，就要想一想自己的文章、演说、谈话、写字是给什么人看、给什么人听的，否则就等于下决心不要人看，不要人听。 许多人常常以为自己写的讲的人家都看得很懂，听得很懂，其实完全不是那么一回事，因为他写的和讲的是党八股，人家哪里会懂呢？ "对牛弹琴"这句话，含有讥笑对象的意思。如果我们除去这个意思，放进尊重对象的意思去，那就只剩下讥笑弹琴者这个意思了。为什么不看对象乱弹一顿呢？何况这是党八股，简直是老鸦声调，却偏要向人民群众哇哇地叫。射箭要看靶子，弹琴要看听众，写文章做演说倒可以不看读者不看听众吗？我们无论和什么人做朋友，如果不懂得彼此的心，不知道彼此心里面想些什么东西，能够做成知心朋友吗？	观点

续表

做宣传工作的人，对于自己的宣传对象没有调查，没有研究，没有分析，乱讲一顿，是万万不行的。	结论
党八股的第四条罪状是：语言无味，像个瘪三 　　上海人叫小瘪三的那批角色，也很像我们的党八股，干瘪得很，样子十分难看。如果一篇文章，一个演说，颠来倒去，总是那几个名词，一套"学生腔"，没有一点生动活泼的语言，这岂不是语言无味，面目可憎，像个瘪三吗？ 　　一个人七岁入小学，十几岁入中学，二十多岁在大学毕业，没有和人民群众接触过，语言不丰富，单纯得很，那是难怪的。但我们是革命党，是为群众办事的，如果也不学群众的语言，那就办不好。 　　现在我们有许多做宣传工作的同志，也不学语言。他们的宣传，乏味得很；他们的文章，就没有多少人欢喜看；他们的演说，也没有多少人欢喜听。 　　为什么语言要学，并且要用很大的气力去学呢？因为语言这东西，不是随便可以学好的，非下苦功不可。第一，要向人民群众学习语言。人民的语汇是很丰富的，生动活泼的，表现实际生活的。我们很多人没有学好语言，所以我们在写文章做演说时没有几句生动活泼切实有力的话，只有死板板的几条筋，像瘪三一样，瘦得难看，不像一个健康的人。第二，要从外国语言中吸收我们所需要的成分。我们不是硬搬或滥用外国语言，是要吸收外国语言中的好东西，于我们适用的东西。因为中国原有语汇不够用，现在我们的语汇中就有很多是从外国吸收来的。例如今天开的干部大会，这"干部"两个字，就是从外国学来的。我们还要多多吸收外国的新鲜东西，不但要吸收他们的进步道理，而且要吸收他们的新鲜用语。第三，我们还要学习古人语言中有生命的东西。由于我们没有努力学习语言，古人语言中的许多还有生气的东西我们就没有充分地合理地利用。当然我们坚决反对去用已经死了的语汇和典故，这是确定了的，但是好的仍然有用的东西还是应该继承。 　　现在中党八股毒太深的人，对于民间的、外国的、古人的语言中有用的东西，不肯下苦功去学，因此，群众就不欢迎他们枯燥无味的宣传，我们也不需要这样蹩脚的不中用的宣传家。 　　什么是宣传家？不但教员是宣传家，新闻记者是宣传家，文艺作者是宣传家，我们的一切工作干部也都是宣传家。比如军事指挥员，他们并不对外发宣言，但是他们要和士兵讲话，要和人民接洽，这不是宣传是什么？一个人只要他对别人讲话，他就是在做宣传工作。只要他不是哑巴，他就总有几句话要讲的。	观点
所以我们的同志都非学习语言不可。	结论

续表

党八股的第五条罪状是：甲乙丙丁，开中药铺 你们去看一看中药铺，那里的药柜子上有许多抽屉格子，每个格子上面贴着药名，当归、熟地、大黄、芒硝，应有尽有。这个方法，也被我们的同志学到了。 写文章，做演说，著书，写报告，第一是大壹贰叁肆，第二是小一二三四，第三是甲乙丙丁，第四是子丑寅卯，还有大 ABCD，小 abcd，还有阿拉伯数字，多得很！幸亏古人和外国人替我们造好了这许多符号，使我们开起中药铺来毫不费力。 一篇文章充满了这些符号，不提出问题，不分析问题，不解决问题，不表示赞成什么，反对什么，说来说去还是一个中药铺，没有什么真切的内容。 我不是说甲乙丙丁等字不能用，而是说那种对待问题的方法不对。现在许多同志津津有味于这个开中药铺的方法，实在是一种最低级、最幼稚、最庸俗的方法。 这种方法就是形式主义的方法，是按照事物的外部标志来分类，不是按照事物的内部联系来分类的。单单按照事物的外部标志，使用一大堆互相没有内部联系的概念，排列成一篇文章、一篇演说或一个报告，这种办法，他自己是在做概念的游戏，也会引导人家都做这类游戏，使人不用脑筋想问题，不去思考事物的本质，而满足于甲乙丙丁的现象罗列。 什么叫问题？问题就是事物的矛盾。哪里有没有解决的矛盾，哪里就有问题。既有问题，你总得赞成一方面，反对另一方面，你就得把问题提出来。提出问题，首先就要对于问题即矛盾的两个基本方面加以大略的调查和研究，才能懂得矛盾的性质是什么，这就是发现问题的过程。大略的调查和研究可以发现问题，提出问题，但是还不能解决问题。要解决问题，还须作系统的周密的调查工作和研究工作，这就是分析的过程。提出问题也要用分析，不然，对着模糊杂乱的一大堆事物的现象，你就不能知道问题即矛盾的所在。这里所讲的分析过程，是指系统的周密的分析过程。常常问题是提出了，但还不能解决，就是因为还没有暴露事物的内部联系，就是因为还没有经过这种系统的周密的分析过程，因而问题的面貌还不明晰，还不能做综合工作，也就不能好好地解决问题。	观点
一篇文章或一篇演说，如果是重要的带指导性质的，总得要提出一个什么问题，接着加以分析，然后综合起来，指明问题的性质，给以解决的办法，这样，就不是形式主义的方法所能济事。因为这种幼稚的、低级的、庸俗的、不用脑筋的形式主义的方法，在我们党内很流行，所以必须揭破它，才能使大家学会应用马克思主义的方法去观察问题、提出问题、分析问题和解决问题，我们所办的事才能办好，我们的革命事业才能胜利。	结论

续表

党八股的第六条罪状是：不负责任，到处害人 　　上面所说的那些，一方面是由于幼稚而来，另一方面也是由于责任心不足而来的。 　　拿洗脸作比方，我们每天都要洗脸，许多人并且不止洗一次，洗完之后还要拿镜子照一照，要调查研究一番，(大笑)生怕有什么不妥当的地方。你们看，这是何等的有责任心呀！我们写文章，做演说，只要像洗脸这样负责，就差不多了。 　　拿不出来的东西就不要拿出来。须知这是要去影响别人的思想和行动的啊！一个人偶然一天两天不洗脸，固然也不好，洗后脸上还留着一个两个黑点，固然也不雅观，但倒并没有什么大危险。 　　写文章做演说就不同了，这是专为影响人的，我们的同志反而随随便便，这就叫作轻重倒置。许多人写文章，做演说，可以不要预先研究，不要预先准备；文章写好之后，也不多看几遍，像洗脸之后再照照镜子一样，就马马虎虎地发表出去。其结果，往往是"下笔千言，离题万里"，仿佛像个才子，实则到处害人。 　　这种责任心薄弱的坏习惯，必须改正才好。	观点 结论

师：这几条"罪状"请同学们随机拿，拿到后仔细阅读，模仿老师的结构图分析它是怎么样展开论证的？

（同桌组合合作，生活动，大约四分钟）

生：我拿到的是第2条罪状，第2条是这样子展开的：观点—观点阐释—分析观点—辩论观点—举例证明（正反）—强调观点。

（第3、4、5、6条罪状分析如上。每条两个学生，过程略）

师：同学们发现了没有，你们在归纳每一条罪状的结构时，我都没有去修正，因为我们去写议论文的话，是不可能真正做到条理特别清晰的，其实，只要大致有个清晰的思路就可以了。清楚吗？所以不用死抠，不需要太过于考虑严密性，作为高中生，我们只要归纳出自己相对清晰的思路就可以啦！同学们特别棒，我们经过这样的梳理，就可以得到了写议论文的六种结构了。

三、学以致用，合作成文

师：好的，你们自己都理好了思路图。现在我们就来试着写一篇文章，体现学以致用。文章的标题、开头、结尾，我都已经替你们写好了。

反对"标题党"

俗话说,"文好题一半",说的就是题目的重要性。但时下的标题党不顾底线,罔顾事实,已经严重影响了我们的判断和生活。现在我们来分析一下"标题党"的坏处在什么地方。我们也仿照一下毛泽东的《反对党八股》的笔法来分析一下"标题党"的三大罪状吧。

标题党的第一条罪状是:题文不符,表里不一。

标题党的第二条罪状是:极力煽情,造谣惑众。

标题党的第三条罪状是:愚乐群众,麻痹精神。

标题党,这个形式,不但不利于我们的生活,而且非常容易使人精神麻痹,变得智商低下。要使我们的社会获得发展,必须抛弃"标题党",采取真实、真切、精辟、凝练、适切的文风。其实这种文风,早已存在,只是在娱乐至死的社会里,逐步走偏了方向。标题党被整治之后,我相信,新的文风就可以获得充实,获得普遍发展。

请同学们一起读一下吧!

(出示PPT,生齐读)

师:这两段读起来是不是很熟悉啊?

生:是的,和课文的结构、语言风格都一样。(生表示佩服)

师:现在,你们了解我的意图了吧,我们不仅学习结构,还可以学习作者的语言。(生笑)接下来,请你们用自己归纳出来的结构图,选择一条罪状,完成作文片段。

(师分发作文纸,学生完成习作,师巡视)

师:写3的不多,大家最喜欢的是写1,是不是1好写点?今天主要是把结构理清楚。同学们要抓紧,我们一节课要把这篇800字左右的作文完成。

(生继续做作文,师随机进行个别指导)

师:同学们,第一段和最后一段,全班齐读;当中每一条罪状,我让一位同学朗读自己的写作。这样,我们共同合作就可以完成一篇800字的文章了。清楚了吗?

教师请了三位同学,这三位同学分别是写三条罪状的,教师请他们站起来,与全班同学一起朗读完成。全班读完标题第一段后,三位同学按顺序读,最后全班读最后一段。

下面即是这篇合作完成的文章。

反对标题党

俗话说,"文好题一半",说的就是题目的重要性。但时下的标题党不顾底线,罔顾事实,已经严重影响了我们的判断和生活。现在我们来分析一下"标题党"的坏处在什么地方。我们也仿照一下毛泽东的《反对党八股》的笔法来分析一下"标题党"的三大罪状吧。

标题党的第一条罪状是:题文不符,表里不一。

"表里不一"通常都是说一个人表现出来的和心里想的不一样,标题党也是这样,"表里不一"得很。打开浏览器,我们总是能看到文章标题中充斥着"震惊""泪目"一类的字眼,然后打开新闻一看,却并没有什么令人震惊或泪目的内容,并且标题也与内容严重不符。例如一篇题为"震惊!温州机场七个空姐被杀!"的文章,其中的"七个空姐"竟是"七只母蚊子"。这样的新闻往往令人大失所望,久而久之,就算真的有空姐被杀,恐怕也没人会去关注了。最后,新闻可能会像"狼来了"里面的小男孩一般被众人抛弃。(泰顺中学陈萱)

标题党的第二条罪状:极力煽情,造谣惑众。

有些文章,不只是空话连篇,而且还存在许多谣言、蜚语,他们为了点击量,极力煽情,不择手段。这种欺骗读者、欺骗自己的行为,可以说是社会的害虫了。新闻、文章最重要的一点,就是真实。诚实是人立身处世之本,而真实也是文章能立足的根本。这种造谣惑众的现象,其本质是作者的自私,没有认清写作的本质。写作的本质是为传播知识,传播正能量。但是这种造谣惑众的文章,使谣言一传十,十传百,引起人民恐慌,甚至引起社会恐慌。好的文章一定要立足事实,但不是说就不要抒情了,要在事实的基础上加以抒情,要不干巴巴的文章无人阅读,还是无用的。(泰顺中学雷振涛)

标题党的第三条罪状是:愚乐群众,麻痹精神。

出现这种情况,一方面是由于太想博眼球、蹭热度,另一方面也是想利用现代大众的好奇心来得到高频点击量,以满足自己的虚荣心。为了取悦群众,什么"男默女泪""震惊""竟"等层出不穷,但文章内容往往与标题大相径

> 庭，令人大跌眼镜。这种盲目的取悦，称为"愚乐"也不为过。就像"狼来了"的故事一般，我们的精神会深受麻痹。久而久之，就算以后如标题所写的事情真的发生，群众也不会关注了，甚至连新闻媒体的形象和公信力都会被损害。若这种华而不实的文风肆意蔓延，则会有更多人深受其害。我们应该研究一下写这些文章的目的是什么，不要盲目夸大标题，结果却是一些鸡毛蒜皮的小事。写得纯粹、简明些较好，让大众一看就明白，可以有效筛选以节约阅读时间，且内心世界得以丰富。（泰顺中学章慧雯）
>
> 标题党这个形式，不但不利于我们的生活，而且非常容易使人精神麻痹，变得智商低下。要使我们的社会获得发展，必须抛弃标题党，采取真实、真切、精辟、凝练、适切的文风。其实这种文风，早已存在，只是在娱乐至死的社会里，逐步走偏了方向。标题党被整治之后，我相信，新的文风就可以获得充实，获得普遍发展。

（大家合作完成后，学生开心鼓掌）

师：同学们，真棒，短短的四十分钟，在我们的合作之下，不仅学完课文，而且成功地把800字左右的作文合作完成了。真好，当然，在课堂上，你只是写了一小段，课后自己再去补写其他两段，如果不想写，也可以把同学写的拿来抄写在自己的作文本上。（生大笑）

师：越是伟人的文章，越值得我们学习。今天的课只是一个开始，希望大家做个有心人，跟着伟人、作家完成更多更好的写作。

案例十二　从一篇到一类

——以《最后的常春藤叶》为例

教学设想

小说教学，很多教师一直是在教"情节""环境""人物"，内容多而无效。我的想法是，小说教学不可面面俱到，要集中力量，目标要"小"而"精"，教学目标的挖掘要尽量挖出"这一篇"对于整个小说的阅读意义。文本只是一个例子，尽量以"一篇"小说的教学来突破"一类"小说，也就是说，通过这篇文章的学习为后续对小说的解读阅读打开一条途径。具体到《最后的常春藤叶》，可教的内容很多：在结构方面，可以教"欧·亨利式的结尾""贝尔曼画常春藤叶的留白"；在主题方面可以教"友情的可贵""为他人付出的高尚情操"；在人物形象方面可以分析"琼珊""苏艾""老贝尔曼"等人物。考虑到"学以致用"，我觉得："留白"既然是本文的一个特色，不妨就借此来突破小说中"留白"艺术的运用。考虑到最后教学成果的可测可见，考虑到检测的效果功用，最后通过一篇小说的实践来印证学习效果。

教学过程

一、直接导入

这个故事涉及几个主要的人物，他们之间发生了什么事情？请一个同学来概括地说一下。

（生归纳）

二、研析文章

（一）研究课文结尾处"留白"的运用

1.师：初读这个故事，你对哪一部分最感觉到震撼？

（明确：老贝尔曼画常春藤叶的章节）

师：为什么会感到震撼？

（明确：想不到这就是我们所认识的老贝尔曼，最后会以这样的形象出现在我们的面前）

2.师：造成这种反差，确实是因为前面的印象给我们太深刻的缘故，读读有关章节来体会一下。

老贝尔曼是住在楼下底层的一个画家。他年纪六十开外，有一把像米开朗琪罗的摩西雕像上的胡子，从萨蒂尔似的脑袋上顺着小鬼般的身体卷垂下来。贝尔曼在艺术界是个失意的人。他耍了四十年的画笔，还是同艺术女神隔有相当距离，连她的长袍的边缘都没有摸到。他老是说就要画一幅杰作，可是始终没有动手。除了偶尔涂抹了一些商业画或广告画之外，几年没有画过什么。他替"艺术区"里那些雇不起职业模特儿的青年艺术家充当模特儿，挣几个小钱，他喝杜松子酒总是过量，老是唠唠叨叨地谈着他未来的杰作。此外，他还是个暴躁的小老头儿，极端瞧不起别人的温情，却认为自己是保护楼上两个青年艺术家的看家恶狗。

师明确：在这里，我们看到的是一个穷困潦倒、酗酒成性、郁郁不得志的老贝尔曼，没想到他会做出这样的举动。这就是小说在结尾处给我们的震撼的原因。

3.师：但这样的结局，我们事后回想，这事发生在老贝尔曼身上是有伏笔的，也是可信的，不知道你们能否找到这样的句子？

（生寻找。师引导朗读学生找出的句子进行赏析）

▲此外，他还是个暴躁的小老头儿，极端瞧不起别人的温情，却认为自己是保护楼上两个青年艺术家的看家恶狗（平时就保护她们）。

▲"什么话！"他嚷道，"难道世界上竟有这种傻子，因为可恶的藤叶落掉而想死？我活了一辈子也没有听到过这种怪事。不，我没有心思替你当那无聊的隐士模特儿。你怎么能让她脑袋里有这种傻念头呢？唉，可怜的小琼珊小姐。"

▲"你真女人气！"贝尔曼嚷道，"谁说我不愿意？走吧。我跟你一起去。我已经说了半天，愿意替你效劳。天哪！像琼珊小姐那样好的人实在不应该在这种地方害病。总有一天，我要画一幅杰作，那么我们都可以离开这里啦。天哪！是啊。"

师总结：在小说中这叫伏笔。它的好处就是让你了解真相后产生"意料之外，情理之中"的艺术效果。这实际上是欧·亨利的小说特点，人称"欧·亨利式结尾"。

（师简介欧·亨利式结尾）

4.师：老贝尔曼画常春藤叶是小说中最重要的情节，但这样重要的震撼情节在文中却被作者省略去了，同学们能把它补上吗？请同学们补写一段话。提醒：可以考虑老贝尔曼在风雨交加的夜晚，是如何颤颤巍巍地爬上那二十英尺来高的梯子去画那片叶子的。他想了什么？他是怎么调颜色的？等等。

（生出示自己补写的内容，师请3位学生读自己写的内容）

5.生读自己的一段话后，师就问：你渲染老贝尔曼形象的着力点是什么？

（学生的回答可能是"突出老贝尔曼画叶子的艰难""突出老贝尔曼的老态""突出老贝尔曼的善良"等）

师：这就是文学作品的特点，面对同样的内容，每一个人在补充的时候都有不同的感受，所谓"一千个读者就有一千个哈姆雷特"就是这个道理，作品的留白让人产生了丰富的联想,这就是"留白"的好处。

(师板书"留白"并介绍什么是留白。师画图明确画中留白的运用,引导学生明白在小说中"留白"的运用的好处)

(二)研析不留白(渲染)的好处

1.师:按照同学们的理解,我们明白了"留白"的好处,我们来看一下,这篇文章实际上还有很多地方是可以留白的。我们来看两段话,我们试着去"留白"看看。

(1)第一处:开头第一二段对"艺术区"的描写。

华盛顿广场西面的一个小区,街道仿佛发了狂似的,分成了许多叫作"巷子"的小胡同。这些"巷子"形成许多奇特的角度和曲线。一条街本身往往交叉一两回。有一次,一个艺术家发现这条街有它可贵之处。如果一个商人去收颜料、纸张和画布的账款,在这条街上转弯抹角、兜圈子的时候,突然碰上一文钱也没收到,空手而回的他自己,那才有意思呢!

因此,搞艺术的人不久都到这个古色天香的格林尼治村来了。他们逛来逛去,寻找朝北的窗户,18世纪的三角墙,荷兰式的阁楼,以及低廉的房租。接着,他们又从六马路买来了一些锡蜡杯子和一两只烘锅,组成了一个"艺术区"。

请学生读第一、二段。

师问:我可否把这两段删去,变成"留白"即换成一句话,"华盛顿广场的西面的一个小区,就是苏艾和琼珊租住的地方",然后接到第三段,故事也是完整的。

学生讨论。师引导学生朗读第二段,明确:此段不能留白,因为是介绍"艺术区"的情况,没有生活背景的读者是不能通过想象的手段来进行补充的,而且此段是描写艺术区的贫穷,是为下文苏艾和琼珊的贫穷、贝尔曼的出现埋下伏笔,也是那个社会的缩写。

(2)第二处:医生在看完琼珊的病后和苏艾的一段对话。

"依我看,她的病只有一成希望。"他说,一面把体温表里的水银甩下去。"那一成希望在于她自己要不要活下去。人们不想活,情愿照顾殡仪馆的生意,这种精神状态使医药一筹莫展。你的这位小姐满肚子以为自己不会好了。她有什么心事吗?"

"她——她希望有一天能去画那不勒斯海湾。"苏艾说。

"绘画?——别扯淡了!她心里有没有值得想两次的事情——比如说,

男人？"

"男人？"苏艾像吹小口琴似的哼了一声说，"难道男人值得——别说啦，不，大夫；根本没有那种事。"

"那么，一定是身体虚弱的关系。"医生说，"我一定尽我所知，用科学所能达到的一切方法来治疗她。可是每逢我的病人开始盘算有多少辆马车送他出殡的时候，我就得把医药的治疗力量减去百分之五十。要是你能使她对冬季大衣的袖子式样发生兴趣，提出一个问题，我就可以保证，她恢复的机会准能从十分之一提高到五分之一。"

分角色朗读体会。要求男生读医生的话，女生读苏艾的话。

师：能否省略去此段，达到"留白"的效果？

（生讨论，师引导明确：通过医生的介绍我们才了解琼珊的病完全是一种精神支柱的问题，这跟本文的主题有关，不可省略。）

师总结：小说的留白不是越多越好，需要和恰当才是最重要的。该渲染和交代的地方还是不能留白的，小说结尾的留白是在前面的基础上水到渠成的事情。

（三）从"这一篇"到"这一类"

师：同学们能不能举一篇或一部小说作为例子来说明一下留白的艺术。

（生举例）

例一：莫泊桑在《项链》中："唉。可怜的玛蒂尔德，不过我那一串本是假的，顶多值五百金法郎！……"

——在《项链》中，作者在妇人讲述真相后结束全文，对女主人公之后的生活及反应不再加叙，从而激发了读者对其未来日子的丰富联想。作者通过留白的手法，让结局充满了多元化，让人难以捉摸最后的结果。

例二：陶渊明在《桃花源记》：南阳刘子骥，高尚士也，闻之，欣然规往。未果，寻病终。后遂无问津者。

——不知道他是怎么生病的，后来的桃花源变成什么样子？这也给人带来很多猜想，让人很是向往。

例三：鲁迅先生在《孔乙己》："这……下回还清罢。""跌断，跌，跌……"

——作者用省略号来代替下面的语言，来超越语言，使语言的省略给读者更多思考的空间。这样的语言有着主人公孔乙己鲜明的强词夺理、不知羞耻、毫不争气的语言特点，这就使孔乙己的形象跃然纸上。

（四）学以致用

阅读汪曾祺的《陈小手》，找出小说的留白和渲染之处，并说一说为什么要这样设置？用一小段话来呈现。

一学生的成果呈现示例：

《陈小手》里面的主人公是陈小手，写到的其他人物有团长、团长姨太太、李花脸的女儿。请注意这个"李花脸的女儿"，从身份和意义上说，她在小说中是与陈小手相对峙的另一个人物。按照一般小说的构思，"李花脸的女儿"与陈小手之间应该有点什么情节，发生点什么瓜葛，但作家惜墨如金，不到30个字把她打发了，并且以后也不再出现。但一句"是个老姑娘"，包含多少社会内涵和人生感慨！这样处理简直太真实，太深刻了，让人浮想联翩。

附：

陈小手

汪曾祺

我们那地方，过去极少有产科医生。一般人家生孩子，都是请老娘。什么人家请哪位老娘，差不多都是固定的。一家宅门的大少奶奶、二少奶奶、三少奶奶，生的少爷、小姐，差不多都是一个老娘接生的。老娘要穿房入户，生人怎么行？老娘也熟知各家的情况，哪个年长的女佣人可以当她的助手，当"抱腰的"，不须临时现找。而且，一般人家都迷信哪个老娘"吉祥"，接生顺当。——老娘家供着送子娘娘，天天烧香。谁家会请一个男性的医生来接生呢？——我们那里学医的都是男人，只有李花脸的女儿传其父业，成了全城仅有的一位女医人。她也不会接生，只会看内科，是个老姑娘。男人学医，谁会去学产科呢？都觉得这是一桩丢人没出息的事，不屑为之。但也不是绝对没有。陈小手就是一位出名的男性的妇科医生。

陈小手的得名是因为他的手特别小，比女人的手还小，比一般女人的手还更柔软细嫩。他专能治难产，横生、倒生，都能接下来（他当然也要借助于药物和器械）。据说因为他的手小，动作细腻，可以减少产妇很多痛苦。大户人家，非到万不得已则不会请他的。中小户人家，忌讳较少，遇到产妇胎位不正，老娘束手，老娘就会建议："去请陈小手吧。"

陈小手当然是有个大名的,但是都叫他陈小手。接生,耽误不得,这是两条人命的事。陈小手喂着一匹马。这匹马浑身雪白,无一根杂毛,是一匹走马。据懂马的行家说,这马走的脚步是"野鸡柳子",又快又细又匀。我们那里是水乡,很少人家养马。每逢有军队的骑兵过境,大家就争着跑到运河堤上去看"马队",觉得非常好看。陈小手常常骑着白马赶着到各处去接生,大家就把白马和他的名字联系起来,称之为"白马陈小手"。

同行的医生,看内科的、外科的,都看不起陈小手,认为他不是医生,只是一个男性的老娘。陈小手不在乎这些,只要有人来请,立刻跨上他的白走马,飞奔而去。正在呻吟惨叫的产妇听到他的马脖子上的鸾铃的声音,立刻就安定了一些。他下了马,即刻进了产房。过了一会儿(有时时间颇长),听到哇的一声,孩子落地了。陈小手满头大汗,走了出来,对这家的男主人拱拱手:"恭喜恭喜!母子平安!"男主人满面笑容,把封在红纸里的酬金递过去。陈小手接过来,看也不看,装进口袋里,洗洗手,喝一杯热茶,道一声"得罪",出来上马,只听见他的马的鸾铃声"哗棱哗棱"……走远了。

陈小手活人多矣。

有一年,来了联军。我们那里那几年打来打去的,是两支军队。一支是国民革命军,当地称之为"党军";相对的一支是孙传芳的军队。孙传芳自称"五省联军总司令",他的部队就被称为"联军"。联军驻扎在天王庙,有一团人。团长的太太(谁知道是正太太还是姨太太)要生了,生不下来。叫来几个老娘,还是弄不出来。这太太杀猪也似的乱叫。团长派人去叫陈小手。

陈小手进了天王庙。团长正在产房外面不停地"走柳",见了陈小手,说:"大人,孩子,都得给我保住,保不住要你的脑袋!进去吧!"

这女人身上的脂油太多了,陈小手费了九牛二虎之力,总算把孩子掏出来了。和这个胖女人较了半天劲,累得他筋疲力尽。他移里歪斜走出来,对团长拱拱手:

"团长!恭喜您,是个男伢子,少爷!"

团长呲牙笑了一下,说:"难为你了!——请!"

外边已经摆好了一桌酒席。副官陪着。陈小手喝了两口。团长拿出20块大洋,往陈小手面前一送:

"这是给你的!——别嫌少哇!"

"太重了！太重了！"

喝了酒，揣上20块现大洋，陈小手告辞了："得罪！"

"不送你了！"

陈小手出了天王庙，跨上马。团长掏出手枪来，从后面，一枪就把他打下来了。团长说："我的女人，怎么能让他摸来摸去！她身上，除了我，任何男人都不许碰！你小子太欺负人了！日他奶奶！"团长觉得怪委屈。

三、布置作业

试用本文学会的小说的常见表达技巧——"留白"去阅读其他名著，赏析其相似的技巧，并试着写一篇小论文。

第二章　让学生成为设计者

第一节　学会提问：走向未来的关键能力

在前面，我们提到基于学生提问的课堂教学，认为这是真正体现"以学为中心"的新课程理念，这一节我们来谈一个更为深入的问题，那就是学生的提问质量。其实，很多时候，不知道大家有没有这样的经历，要求学生就文章提一个需要教师帮忙解决的问题，结果发现学生尽管问题很多，但他们很难自己提出问题来，即使能提出一些问题，但提问质量往往不高，更遑论在课堂上能直接提问。

我们都知道，提问、思考、理解，这三个过程以动态的形式相互作用从而促进学生的学习、表现和成就。这包括两个层面，一是教师层面，教师通过提问，促使学生对文本进行思考和理解，从而提高语文素养，这是时下最为常见的课堂常态。它强调的是教师通过优质的提问来实施教学策略改变课堂教学效果，但新课程的课堂正在转变为一个以学生为中心的课堂，转到第二个层面，即学生层面。实践证明，只靠教师单方面的提问并不能促进学生能力和学习成绩的增强和提高。"传统模式"中的"知识的传授"是一种静态的知识传授，"应当让学生学会提问"成了课堂改革的一个重点。在调查中，一位学生这样认为，"当我能够提出自己的问题的时候，我更容易理解和记忆正在学习的内容"。专家们认为，学生通过提问，可以把新知识和旧知识联系起来，优质的问题往往能促进学生的终身技能的发展。在将来的课堂中要看到学生参与的身影，看到真实课堂中来自学生的生成教学资源，让学生成为设计者，学会提问将会展现一片很好的天地。

那么如何帮助学生成为优秀的提问者呢？我觉得教师可以给学生提供一些方法，这将有助于提升学生的提问能力。当学生有机会提出自己的问题时，不管是他自己产生发现的，还是我们刻意设计引导出来的，都能促进培养学生的思维习惯，这种思维习惯能够帮助他们进行思考、学习，并达到更高水平。其实，我们的学生不是不会提问，而是缺少自信、机会和训练。下面我介绍并阐述一下自己在教学中常运用的一些策略，供大家参考。

常见的策略和优质提问训练能力目标

策略形式	优质提问训练能力目标
1.猜猜问题法	促进分析性思维，促进理解
2.模拟采访法	学生能进行积极地倾听，促进分析性思维的发展
3.问题评议法	改善批判性思维
4.互相问答法	促进理解，发展元认知技能
5.顺藤摸瓜法	促进分析性思维，促进理解

一、猜猜问题法

要想培养学生提问的能力，首先要消除学生"觉得自己不会提问"的心理障碍。很多学生有提问的能力，但他们不敢表现和尝试，这跟教师在平时课堂中缺少有意识的引导和训练有关。如何激发学生展现这种能力，我觉得"猜猜问题法"是一种好方法。猜猜问题法，就是在课堂中设计一个让学生猜问题的环节。我在上《渔父》时是这样处理的：先处理古文的重要字词和语法知识，再对文章内容稍作探讨，之后我抛出了一个问题，"以前在教这篇文章的时候，我针对课文设计了一个问题，然后叫同学们猜这是一个什么问题，但至今他们都没有猜出来，今天也叫你们猜猜看，老师的问题会是什么？"学生猜的热情非常高，有从题目中提问的，"题目为什么以渔父为题，为什么不以屈原为题？"；有从内容方面提问的，"文章的主人公是谁？"；有从思想方面提问的，"渔父是不是屈原的内心矛盾的一面？"……提问涉及文章的方方面面，而这些问题恰是我们要解决、要向学生提问的。这种自己去思考和提问的方式，可以让学生更深入地了解文章。在同学们提出问题后，我先是请其他同学自己试着回答提出的问题，然后告诉他是不是这个问题。大家可以看到，问题猜中猜不中不是关键，关键是通过这样的方式，我们达到了教学的目标，充分地调动了学生的积极性，培养了学生的提问意识和能力，学生是在没有心理压力的情况下积极地参与了提问能力训练，老师们不妨试一下。

二、模拟采访法

设置情境，培养学生的提问意识和能力，也是一种常见的方法。教师经常要接待很多学者和专家，不妨设计一些教学片段，模拟提问。比如，我校在五十周年校庆的时候，请到了一位事业上很成功的校友，我在课堂上对学生们说：如果诸位要去采访这位名人，我们可以提哪些问题。以小组为单位，设计一些问题，先在组内讨论，拿出最优秀的问题，然后跟其他小组比较，各组阐述自己问题设计的目的和优势，最后选出5~6个问题。当然有条件的话，最后还可以进行真实的实践训练。当时，我们把这位名人请到了班级，让同学进行沟通，这位校友惊叹同学们的问题提得有水平。联系到高考语言运用中"正确、得体"的要求，我们觉得这种做法是很有必要的。浙江高考卷有这样的一道题目：

> 23．现在有一位你最喜欢的作家来学校举办文学讲座。作为听众，请你完成下面两题。
> ……
> （2）向这位作家提一个能引起师生兴趣的问题。

阅卷显示（2）题的得分率极低。其实这道题目的难度并不大，但为什么得分会很低呢？我们来看一些答案，大致可以了解不会提问对学生带来的影响。例1：请问你平时爱好什么活动？例2：你的星座是什么？你都喜欢吃些什么？例3：你怎么看待现在的高考？……这简直就是对明星的采访。如果我们进行过这方面的训练，教师告诉过他们，提问要注意"对象、场合、内容"等，就不会出现这样的情况。

三、问题评议法

这种做法是在小组中提问时所用到的方法，为了提出优质的问题，我们要进行问题的筛选，大致的步骤是：(步骤1)某个学生针对文章或教师的要求提出几个问题，并自己进行初步选择，写下自己提出这个问题的原因；(步骤2)学生找一同伴(一般是同桌，讨论方便)，相互反馈、倾听；(步骤3)互换角色，看看能不能进行解答；(步骤4)写下从同伴那里得来的意见并重新思考自己的问题，重新设计问题。这种方法看起来有很多教师在做，比如我们常常在新课程的课堂上听到这样的发问:"同学们,请注意,把你想出来的问题再思考一下,并跟同桌讨论一下。"可是这种跟同桌讨论的过程往往比较敷衍了事,尽管认真讨论的情况是存在的,但并不是常态。所以教师应该有意识地加强评议环节,这对于学生提出更优质的问题是有帮助的。

四、互相问答法

为了达到让所有的学生都能参与到提问的构建、提问和回答中来,我们可以设置一些游戏型的提问训练。这种方法是把全班分为两大组,然后各组根据文章或教师的要求,设置一些问题,一组如果有人问问题,另一组必须有人来回答,回答后再提出自己这组的问题(这些问题当然是经过筛选的,可以参考问题评议法),你来我往进行探讨。教师的角色就是倾听者、督导者,还有就是记录两组都不会回答的问题,教师只在需要更正错误或行使管理职能的时候才给予干预。提问结束后,教师收集学生的记录进行检查和评估,并可以考虑选取某些素材作为书面作业。特级教师胡明道老师在上《狼》一课时是这样来安排的:她在大体上疏通了字词以后,就把学生分成两大组,模仿《艺术人生》,一组学生扮演主持人来提问,一组学生扮演屠夫或蒲松龄进行回答。课堂上,学生就课文中的方方面面进行提问:比如有人问蒲松龄:"你当时怎么会想到写《狼》,你想告诉我们什么?"有人问屠夫:"在你准备动手的时候,你有没有想过,万一不成功,你会怎么做?""你如何看待狼这种动物?"等等。学生兴趣盎然,提的问题无所不及,学生提的问题就是我们在设计中要解决的问题,也是先前我们千方百计地去引导而未果的问题。

五、顺藤摸瓜法

这种做法,是模仿一些游戏而开展的,就是教师提供答案,学生猜问题。

我们来看一个教学例子,苏教版课文《渔父》。

下面这段话作为答案,与之匹配的问题可能是什么?

答案:沧浪之水清兮,可以濯吾缨;沧浪之水浊兮,可以濯吾足。

一些可以参考的问题:

1.你觉得渔父是一个什么样的人?

2.渔父是怎样认识这个世道的?

3.渔父的歌中,你有相似的经历吗?

尽管我们看到这种策略通常被用来评估知识层面的问题,但不也说明它能够激发更高水平的问题吗?

当然,教师要认识到的是,在训练中,我们作为教师不仅仅在行动上要进行策略的安排和设计,更重要的是在思想观念上有所转变。在引导学生提问时,我们要时刻提醒自己以下几点:

1.我有意识地在教学中运用了某些活动来帮助学生成为更好的提问者了吗?

(指导学生怎样提出好的问题)

2.我鼓励学生在学习上寻求帮助了吗?

(鼓励学生在需要帮助时提出问题)

3.我和我的学生在多大程度上认同下列观念?

(反思相关的理念)

①学生在感到困惑或好奇的时候会提出问题;②发散性思维是很重要的;③并不是所有的问题都有一个正确的答案。

要说明的是,我并不建议只是机械单纯地运用这些形式本身,提问行为应当和某个特定的课程要求、甚至更广阔的教材目标相联系,从教材、专题、文本中来,回到文本、专题、教材中去,这样才是有效的策略。

第二节　预设生成：课堂中的"真学生"和"伪教学"

预设和生成从来就是课堂教学中相辅相成的东西。没有预设的课堂，就会像一盘散沙，没有方向、没有明确的教学目标和教学路径，所以是不可能有好的教学效果的。没有生成，课堂就不能充分体现"以学生为中心"的教学理念，以"教师为中心，以教案为根本"的教学时代，早已被证实是一种低效的教学状态。预设和生成是教学过程中最为常见的一种相爱相杀的教学过程，它充分体现了教学中对教学目标的追求、尊重和适应。

预设，就要在教学实施前做好准备工作，对学生学情的预估、知识点难易度的判定、教学环境对学生的影响等等都做好充分的考虑，对文本和学生之间可能产生的种种可能做好充分的预设。但课堂因为涉及鲜活的人，所以从来不会按照预定的方案推进，虽然预设中也包括了对"预设的背叛"，但并非所有的课堂都有生成，生成有时候甚至是"可求不可遇"的。高明的教师总能在课堂的推进中，逐步调整自己的教案，调整自己的课堂走向（这其中难免也会有预设），这很能体现对学生的尊重，真正体现了"以学生为中心"的教学理念。

但现实总有不如意，有些课堂看起来非常流畅，看不出任何以教师意志引导的地方，但我们只要仔细观察，还是可以看到教师背后"预设"的痕迹，但是这种痕迹的"不露水"是因为教师对学情的预设十分"周密"所致——我们常常看到许多专家，用一个教案打遍天下无敌手。他的教案基本上都没有变化，甚至连适时夸张的语气都表现得一样。我们并不认为这就是我们所说的生成，这样的课堂本质还是预设，只不过是一种特别"到位"的预设。在这种预设中，教师眼里只有课堂步骤的推进，而在他面前的学生（不同地方的公开课，学生的情况肯定不同）是没有任何区别的，这是一种变相的以"教师为中心"的教学状态。

一堂课要产生教学价值，教学目标、手段等肯定要预设，没有预设很难会达到教学目的，但是产生符合学生成长等合适的生成对于课堂来说更具价值。所以作为一名教师，不能在课堂上出现与教案不一致的环节时就浇灭学生的"节外生枝"的热情，要当场判断该"节外生枝"是否有教学的价值，然后做出相应的教学改变，这才是正确对待预设和生成关系的应有态度。

2013年12月浙派名师活动，我就遭遇了一场"预设"与"生成"的课堂事件。我在杭州外国语学校（以下简称杭外）上外国小说《礼拜二午睡时刻》，在课堂推进中，学生的表现使我事先准备的课件和教案都失了效，课堂实际教学完全脱离了最初的预设。课堂上我虽大汗淋漓，但极为痛快，一百多位来自全省各地的骨干教师都觉得很有收获，觉得是听到了一堂最为真实的课。

为准备这节课，我设计了这样的教案：

1. 师：看完后有没有不懂的地方？

总结为：反常。师指出读懂小说的反常之处就是走进小说的一扇门。

2. 师：我觉得最为反常的就是这份母爱。这是一份怎样的母爱？它的最大特点是什么？（预设："镇静"）

3. 师：你在这种"镇静"背后读出了什么？

4. 师：从医学的角度来说，最好的宣泄情感的方式就是哭泣。母亲如果要哭的话，请同学们找找看，哪里可以哭出来？但作者为什么没让母亲通过哭来尽情宣泄自己的感情？

5. 师：作者为什么这样来描述母亲？

（幻灯）节制胜于放纵。

6. 生活中，你的母亲有过这样的情感节制事例吗？

7. 是不是所有的节制都胜于放纵？

8. 思考能否去掉1～15段？

我的初衷是把本课的教学定位落在小说的技巧（节制和放纵的适度把握）上，第5点和第7点是本节课的重点。

实际教学中，在完成第1点时，很多学生指出了自己不懂的地方，符合预设。问题出现在第二个环节上，来看课堂片段展现：

师：同学们都说了自己不懂的地方，我总结一下，这些都是小说的"反常之处"。（出示幻灯：反常之处常常是小说最有张力的地方，你总能在这样的地方找到不一样的风景，这也是你走进小说的一扇门。）但在所有的反常之中，我觉得最为反常的就是那份母爱，母亲一路都不哭……

①有生举手：我不同意老师的观点，这篇文章中的母亲在这个时候肯定是不会哭了，我觉得是不是在前面她已经哭过了，在这个时候已经不想哭了，我知道老师想说这个母亲的伟大。

同桌一女生接话：我觉得这篇文章就不是讲母爱的。

一男生举手：我看了参考书，也看了很多评论，说这篇文章主题是表达母爱无关法律和道德的观点，但我就是反对，它根本不是讲这个主题的。

师：这难道不是讲母爱的吗？

生：我觉得这是一个很冷的故事，一个在人世间没有温暖、没有被关注的情感故事。你看环境描写是那么凄凉，还有它对围观群众的描写，无不体现出这种"冷"的感觉。（台下教师有鼓掌声）

我发现整个课堂已经有点偏离了我引导的方向，我试图把学生重新拉回到我的"小说技巧"的运用上来。

②师：我觉得这样的主题也是作者高超的技巧所致……

③生（举手打断）：老师，我还是想说这篇小说的主题，我看过很多有关马尔克斯的文章，说到了母爱的问题，我不清楚的是这篇文章中的神父有何作用？

生：我认为这个神父根本就是作者自己的化身。

生：那他也不必要感觉到脸红。

师：那好，我们就来说说这个主题的问题吧！先来说说"神父"……

至此，整个课堂"沦陷"，完全变成了"主题探讨"，我发现自己已经无法把控整个课堂，想要把学生拉回到自己预设的思路上来已经不太可能了，我只能跟随学生转变。

在这堂课中，学生显然不喜欢教师按部就班地教学，他们在教师提问"有何不懂"时，找到感兴趣的话题。他们没有顺从教师的安排，而是选择了自己感兴趣的"主题探讨"，这种选择迫使老师放弃了自己的教学预设。这样的课堂，在杭外是司空见惯的，倪江老师在《理想语文》一书中称之为疏离中心的"流浪"，"我们所实践的语文是想打破'权威'的定见，让课程呈现'精神流浪'的迷人特质，每个个体在课程中畅所欲言，他们的路径教师无法把控……"①

上完这堂课，我收获很多，我想从四个层面来总结：

（一）教学技巧层面：教师预设为先是否是教学真正需要的？在课堂中出现与预设不一致的时候，如何去把握课堂，是顺从还是有条件地坚持？

在实际课堂中，我的定位（小说的技巧分析）与学生感兴趣的东西（主题探

---

① 倪江《理想语文》。江苏科学技术出版社，2013.10，第123页。

讨)产生了冲突,对于教学来说,这是不同角度的探讨,无关优劣。很多教师在课后点评,"你应该早点随了学生""你应该在第一个学生(见①处)说到对主题的理解有不同意见的时候调整自己的教学脚步"。我不否认这种说法可以展现"以学生为本"的教学理念,但我的思考是:学生感兴趣的并不一定是最好的教学资源,教师在课堂教学中,要对课堂新生成的东西做出新的评估后才能加以调整。我在教学推进中发现第一个学生没有按照我的思路来答题,而是提出了对主题的不同理解时,并没有像很多老师说的那样马上转变思路,因为我考虑:这个问题是不是全班性的问题?毕竟这种在公开课上公开叫板老师(或者叫作"不配合")的情况是不多见的,对于陌生学情的琢磨,我觉得还是很有必要的。这种试探还出现在②处,这是我最后一次努力想使课堂回到我的预设上来。事实上,直到在③处这位学生的举手打断并提出质疑时,才真正决定了这堂课已经不能按照预设来推进了,我的转变即从此始。很多老师批评我"反应"太慢,我倒觉得教师在没有全面掌握学生的情况时就轻易地转变自己的教学风向并不一定是最好的做法,甚至误解了"以生为本"的本质。

(二)教学层面:教师教的东西是不是学生感兴趣的东西?我们的学生需要的是什么?是什么问题激发了学生的讨论热情?

我们常常说要注意学情分析,在上课以前要对学生的兴趣点和原有的基础进行分析,然后有的放矢。在本堂课中,教师的教学定位跟学生的定位是有偏差的,小说主题解读的多义性和马尔克斯小说本身的魔幻性决定了学生更加关心小说的主题。这种教学内容确定方面的问题应该是我在教学前所要思考的,如果在这方面有所准备,这堂课也许会更加精彩。当然,如何呈现这种问题也是我们在教学中常常遇到的。在这节课中,学生思维的迸发是在第一个环节即教师问完"你有读不懂的地方吗?"之后,这个问题最终在整堂课中起到转折点的作用无非出于以下原因:①问学生不懂的地方强化了学生的疑惑。②在某种程度上暗示了本堂课的教学中心(事实上,我预设的教学中心不在于此,这只是一个引子罢了),但这种暗示直接导致了课堂的变化。是福是祸?观者自明。杭外的倪江老师说:教师对课程流程的设计看来是无法避免的,但我一直在寻找一种摆脱教师对课堂控制的方法。是不是在这堂课上,我们印证了一些东西?这个"无心插柳柳成荫"的问题为我们在课堂上如何更好地提问提供了一个借鉴。

(三)教师层面:学生的不认同和质疑为什么不会在我们平常的课堂上出现?

我们是否要把学生会产生什么体验、会遵循什么样的思维模式、会怎么表达纳入我们的备课范畴？当学生说出"我认为"时，我们是否已经在课前准备好了全部应对措施？如果不是，我们是否可以一起"教学相长"？

要回答这几个问题，我觉得可以温习我们以前许多"温暖"的公开课的片段：公开课结尾时，在教师常常问还有没有问题时，没见过学生真的举手来问，哪怕真有问题，因为这是公开课；总有几个心地善良的孩子在公开课上看出你说"还有谁来说说吗？"时的无助而挺身而出，因为这是公开课；哪怕是极为简单的问答，也因为有众多老师坐在台下而真的很当一回事地高声回答，因为这是公开课。

这就是我们的学生！我把这一切都当作应该和自然，我突然感觉到，原来我们把教学变成演戏的时候，竟然会忘记了自己拙劣的表演。我完全可以想象得出，坐在台下的同学看着台上的老师，心里一定是充满了"同情"。

所以，这堂课让我真正认识到：我们常常想当然地确定了教学的内容而忽视了学生的需要；我们常常自我陶醉在"天衣无缝""流畅异常"的课堂环节上，而忽视了课堂本身没有变数的不正常；我们要学生学会质疑，要学生学会独立思考，我们却没有给他们机会；我们要重视学生已知的已会的，却很少真的来到学生中间，看看他们都已经懂了什么；更重要的是，一个没有足够知识铺垫的教师该如何来应对读过很多书的学生。在这几点上，我应该感谢杭外的学生，他们给我上了一堂最好的教师进修课。

（四）学生层面：学生如何融入教师的课堂？

提这个问题，是从教学效果的角度来看。很多人赞叹杭外学生的表现，对于他们出色的表现给予肯定，这是对的，正是他们的质疑和不顺从让我们看到了很多的"伪教学"，也让我发现自己身上很多教学"顽疾"。但杭外的学生似乎也应该注意这样的情况：顺从有时也是一种需要，在证明自己的同时，也给对方一个机会。在对方提供的基础上阐述自己的质疑比一开始就去否定对方观点（这几堂课学生都是一开始就否定教师或其他同学的观点）要来得科学和尊重。因为我遇到的情况即学生改变课堂流程的情景也发生在接下来的两堂课上：一位教师上"多角度立意"，出示一个名为"（乔布斯）爱能改变世界"的视频，要求学生多角度立意。学生认为教师先给乔布斯定调"爱改变世界"不恰当，而没有按照老师要求进行多角度立意。一位教师上《不自由，毋宁死》时指导学生用"演讲标调法",学生不同意这样做,反而质疑教师"演讲标调"的做法,觉得过于"幼稚"。在众人欢呼"真学生"的时候,我在想:如果我的这堂课,学生都顺着我的思路走,而我的教学也恰当的话,他们不是也可以学到小说的"技巧"吗?"演讲标调"本身就是一种基础性的技能知识。顺从和有主见本身并不是对立的东西,很多时候,我觉得我们不一定要做二选一的抉择。学生与教师如何更好地融合和相长,确实还有很多问题值得思考。

案例十三 从"满园春色"到"红杏出墙"
——以《雷雨》为例看"预设和生成"

课例背景

此课为送教下乡的课,很多教师觉得送教下乡一定要准备充分,我对此有自己清晰的认识,觉得课堂中应该还有学生的生成,所以在处理时试图做到预设与生成相呼应。事实上,上完之后,预设和生成并没有做得很到位,这确实给了我很多的思考。

教学实录

一、导入

师:很高兴来到文成中学,我是温州的周康平,今天跟大家是第一次见面。在来你们学校以前,我曾想过这样的一个问题:如果时隔30年,我们再在文成中学碰面,那时,我也50多岁了,而你们也有40多岁了,更巧的是,彼此都认出了对方,你觉得我们的对话会是怎么样的?你们(同桌的两个学生)两个模拟一下。

生:嗨,周老师,你好啊!

生:你是?

生:我是文成中学的学生,那一年,你来给我们上课,你还记得吗?

生:幸会,幸会!

(生哄堂大笑)

师:如果换一个场面,如果是一对彼此有过伤害而分开的夫妻30年后再碰面,你觉得会是怎么样?(生窃窃私语一会儿)我把这个问题放到了网上,回帖很多，答案是丰富多彩的，有说见面就痛打一顿的；有说潇洒离开的。当然，最多的是叫我放下的，其中一个"红尘女"的答案最有代表性，我把它记录下来了：

> by 红尘女：
> 还有什么事是想不开、放不下的呢？时间可以淡化一切，不是吗？
> 我送你一段剧本对白：
> （某角落。A 与 B 相遇）
> A：你，是你？
> B：是你？
> A：还恨吗？
> B：不，现在我们都是有子女的人了⋯⋯
> A：其实，我⋯⋯
> B：（打断）往事何必再提呢！就让它随风而散吧！
> A：（自叹）生活啊！在放不下的日子里，真的好累！
> B：是啊，三十年了，放下吧！（放背景音乐《让往事如风散》）
> （拥抱，挥手，拜拜）

（出示网友的回答，着重出示一网友送我潇洒分手的台词对白，以引出对戏剧对话体的认识）

二、引题

师：大家看看，这段话是很典型的剧本。这些括号内的言语是什么？

> （某角落。A 与 B 相遇）
> B：（打断）
> A：（自叹）
> B：（放背景音乐《让往事如风散》）
> （拥抱，挥手，拜拜）

生：舞台说明。

师：真不错，可见同学们是做了充分预习。那你们根据自己的理解来说说，这些舞台说明起到了什么作用？

生：告诉我们故事发生的地点。

师：不错，更恰当地说是剧情，显得专业。

生：人物神态。

师：表达更准确点——

生：提醒表演者的人物神态。

生：表演者做什么动作。

师总结：同学们说得非常好，……（明确戏剧中的舞台说明等要素）

师：现在我们来读读两人的台词。

生模拟读。（大笑，气氛活跃）

师：在人生的长河中，人一旦背上感情的负担，就会活得很累，人要想活得轻松，是应该忘记一些东西的。今天我们来看看这两位30年后的再相聚，是不是随着时间的流逝，把感情放下了呢？（出示周朴园和鲁侍萍的剧照）

三、研习课文

1.出示相见片段②。

> 周朴园　（忽然严厉地）你来干什么？
>
> 鲁侍萍　不是我要来的。
>
> 周朴园　谁指使你来的？
>
> 鲁侍萍　（悲愤）命，不公平的命指使我来的！
>
> 周朴园　（冷冷地）三十年的工夫你还是找到这儿来了。

（两位同学来读，自评）

师：两人明显地都没放下，30年中，他们的心中一直装着东西，我想问同学们，鲁侍萍心中装着什么？你能用原文中的话来回答我吗？

生：恨，悔——"我心中有的是恨，是悔"。（生读原文）

师：自评一下，你为什么这么处理？

生：我突出了"恨和悔"，所以加强了重音。（师示意坐下，并表示出赞赏的眼神）

师：既然是恨、悔，那鲁侍萍完全可以在相认的时候这样处理③：

> 周朴园　你——侍萍？（不觉地望望柜上的相片，又望鲁妈）
>
> 鲁侍萍　周朴园，你找我么？我在这儿。

> 周朴园　（忽然严厉地）你来干什么？
> 鲁侍萍　（杏眼圆睁）怎么，你怕了？我今天就是来找你算账的。
> 周朴园　谁指使你来的？
> 鲁侍萍　（悲愤）冤有头，债有主，难道需要人指使吗？
> 周朴园　（冷冷地）三十年的工夫你还是找到这儿来了。

师：这样行吗？

生：可以的。我觉得这样很解气。

（有一部分学生表示赞同）

师：是嘛！可鲁侍萍为什么没有这样做呢？我们再来快速地看一下课文，有什么新的发现没有？

（生快速地看课文）

生：她不是那样的人，我在读的时候，觉得她这个人实际上是非常好的一个人。

师：所以她不会说这样的话？好人不会这么"凶"的，对不？

生：是的。

师：那我可不可以这样理解：说这样的话就不像是鲁侍萍了？

生：对对对！

师：这叫"言如其人"，是戏剧语言的一个特点。（板书语言：言如其人）

师：那大家可否从她的性格出发再做一个深入的理解？

……（略）

2.师：假如真的有以上的对白的话，我觉得鲁侍萍早就开骂了。因为在这场戏开始的时候，我们就知道，在周朴园没有认出鲁侍萍的时候，鲁侍萍就已经认出了周朴园，鲁侍萍完全可以一见面就骂了，但事实上，她并没有。有一个不可理解的地方就是：不但没骂，反而在不断地提醒周朴园，我就是鲁侍萍——大家不妨找找这样的话（鲁侍萍不说，两人的戏就结束了）。

生：——老爷，没事了？

3.师：她干吗这样呢？她想干吗？是不是还爱着周朴园？④

出示幻灯——"爱"

（生以小组为单位展开讨论）

……（略）

师请几位学生根据自己的理解反复读这句话。

4.师：那她恨周朴园吗？

生：恨，恨死了。

师：你能就课文的句子具体地说说吗？

（生读有关句子，略）

师：还有不同的想法吗？

生：我觉得不一定是这样的。如果恨死了，就像刚才大家说的，她一看见是周朴园，就应该转身走了。根据刚才小组二的说法，有些感动了，这感动里面仅仅是恨吗？

（生议论纷纷）

出示"你——你们"的两段对话。⑤

鲁侍萍：

哼，我的眼泪早哭干了，我没有委屈，我有的是恨，是悔，是三十年一天一天我自己受的苦。你大概已经忘了你做的事了！三十年前，过年三十的晚上我生下你的第二个儿子才三天，你为了要赶紧娶那位有钱有门第的小姐，你们逼着我冒着大雪出去，要我离开你们周家的门。

周朴园	从前的旧恩怨，过了几十年，又何必再提呢？
鲁侍萍	那是因为周大少爷一帆风顺，现在也是社会上的好人物。可是自从我被你们家赶出来以后，我没有死成，我把我的母亲可给气死了，我亲生的两个孩子你们家里逼着我留在你们家里。
周朴园	你的第二个孩子你不是已经抱走了么？
鲁侍萍	那是你们老太太看着孩子快死了，才叫我带走的。（自语）哦，天哪，我觉得我像在做梦。

师：周朴园该骂，但大家注意到了没有？鲁侍萍痛斥的是周朴园啊，在出示的这两个片段中怎么变成"你们"了？是不是作者疏忽了？还是侍萍太激动了，说话语无伦次了？

生：在鲁侍萍的眼里，周朴园自然是坏人，还有鲁侍萍也意识到造成他们悲剧的还有周家其他人,所以就变了称呼。

生:是骂着骂着,突然想到,应该还有他的家人。(生笑)

生:我觉得不对,应该是有区别的。按照你们这样说,好像有点幼稚的理解,但具体怎么说,我也表达不出来。

师:那大家能不能从周、鲁本身感情的角度来理解。

(学生沉默)

师:我给大家出示一段不是本课文中的片段,大家来看看,应该对这问题有所理解。

> 鲁(落眼泪):
> 　　凤儿,可怜的孩子,不是我不相信你,我太爱你,我生怕外人欺负了你,(沉痛)我太不敢相信世界上的人了。你妈就是在年轻的时候没有人来提醒——可怜,妈就是一步走错,就步步错了。人的心都靠不住,我并不是说人坏,我就是恨人性太软弱,太容易变了。

生:我知道了,应该是她对周朴园的感情跟家里人是有区别的。她认为周朴园是太软弱了,真正的悲剧是他家里人造成的。

师:这就是大家一直在讨论的问题:周鲁之间有真爱吗?以前大家都认为,周鲁之间是绝对没有感情了,也有人认为周鲁之间还是存在着一定的感情的。

师总结:……(略)让鲁侍萍感到不满的,与其说是周朴园的绝情,还不如说是他对待感情太过软弱,不能为爱情抗争。

5.师:我们再回过头来看看周朴园的表现。读他的"对话",觉得好像已经把感情放下了,我再问问同学们,他真的把感情放下了吗?

生:没有,在剧本的开头,我们可以看到他仍然保留着鲁侍萍生周萍时的习惯。

师:我们来读读这些章节。

(生读有关章节)

6.师:按理来说,既然这样,他们在见面时,应该这样:

> 鲁侍萍　朴园,你找侍萍么?侍萍在这儿。
> 周朴园　(温柔)侍萍,是你,真的是你吗?怎么会变成这样了?你还恨我吗?

> 鲁侍萍　朴园,你不知道我这些年是怎么过的吗?
> 周朴园　往事就不要再提了,现在你我都是有子女的人了,就让它随风而散吧!你有什么要求就说吧。
> 鲁侍萍　我只想见见我的萍儿。

(生读)

生:那就不是周朴园了。

生:如果他是这样的人,这个故事就不会是这个样子了。

生:剧本很注重矛盾,周朴园如果是这样的性格就不会发生令人赏心悦目的剧情了。

师:你的发言让我很感动,可见你对剧本的理解已经达到一定程度了,你是从哪里看到剧本要注意这些的呢?

生:我在预习时,在练习本前的提示里看到:剧本特别讲究矛盾的设置。我就想,这应该是作者在塑造人物的时候考虑的。

师:你的表述让我想到一句话:"做一个有思想的学生。"你就是一个有思想的人。

7.师:那怎么理解他的这种感情?

生:自私、感情空虚。

师:那我处理成这样行不行?

> 周朴园　(忽然严厉地)你来干什么?你是不是来敲诈我的?
> 鲁侍萍　不是我要来的。
> 周朴园　谁指使你来的?一定有人指使你来的。
> 鲁侍萍　(悲愤)命,不公平的命指使我来的!
> 周朴园　(冷冷地)三十年的工夫你还是找到这儿来了,可找到又能怎么样呢?

师:比较原对话的妙处。板书(A、言如其人　B、言在意外)

(学生有感情地对读)

引用钱谷融的话,佐证《雷雨》的伟大。

8.全文总结(略)

四、教后反思

本课例的研讨主题是"预设和生成",为了分析方便,我把本教例的预设和生成列表如下:

序号	预设问题	预设目的	是否完成教学目标	是否有生成
①	导语。30年后见面互打招呼;30年后与旧爱相见。	了解剧本中的要素;为周鲁感情引出蓄势。	√	
②	周鲁两人有无把感情放下?	引出两人并没有感情放下,为下文的分析作铺垫。	√	
③	周鲁见面时的说话语气、内容的不同表达比较。	引出人物语言的个性化理解。	√	√
④	她还爱周朴园吗?	了解人物情感。	√	
⑤	她还恨周朴园吗?		√	√
⑥	周对鲁还有感情吗?		√	

1. 预设与期望。

《礼记·中庸》曰:"凡事预则立,不预则废。"好的教学效益往往来自精心的预设而导致的自然生成。在这个意义上,生成,不是对预设的否定,而是对预设的挑战;预设,不是生成的堡垒,而是生成的指南针。因此,课堂因预设而高效,因生成而升华。在本课中,我通过一系列的问题预设来激发学生对戏剧语言和人物形象的学习。在本课中,我们可以看到基本上是完成了预定的教学目标。生成的地方有两个。在备课阶段,我的生成预设在④和⑤,我觉得这两个问题学生可能有不同的看法,所以我也做了充分的准备。但从课堂的情况来看,有不同的反应:

(1)④没有生成,学生对"鲁侍萍是否还爱周朴园"的问题没有异议。这个问题,我原来准备很多材料,进一步来剖析鲁内心深处的复杂的感情世界,既然学生没有异议,便放弃了预案。

(2)③成了意外的生成。我原本以为这是不存在问题的,以为学生对不同的语气和内容是很容易区别的,但实际上,学生出现了这样的情况:

师:这样行吗?

生：可以的。我觉得这样很解气。

（有一部分学生表示赞同）

我马上意识到，赞同周鲁二人见面会恶语相向的学生，实际上没有好好地看课文，是脱离了文本在用生活的经验进行主观的回答，只要走进文本，他们就不会这样说了。所以我马上要求学生认真阅读文本，果然，在看完后学生的答案有了变化，也能直指这个问题的实质性了。

2.生成与效果。

课堂的生成在很大程度上体现教学的开放性，是比较能体现新课程理念的一个重要形式。但我们不可忘了一个问题：那就是，预设和生成的本质和价值取向是有效性教学。不是所有的预设都能生成，也不是所有的生成都是有效的。"一些生成是教学过程中学生思维火花的碰撞，是灵感的体现，是积极意义上的有效教学成果；但并非所有的教学生成都是合理的、有效的。一堂语文课是否有效，一定程度上就要看教师对教学预设如何把握与处理"（胡明道语）。把握得恰切，生成就是这节课的亮点；处理不好，就会让生成成为这节课的负担。在本节课中，我在上到③的时候，与学生有如下的对话：

师：这样行吗？

生：可以的。我觉得这样很解气。

（有一部分学生表示赞同）

这反映出学生根本没有走进文本。我们来设想我另外处理的几种设想：

A.师：不要开玩笑，是好是坏，这还看不出来吗？（言下之意：你们说错了）

B.师：大家再看看，如果是这个好的话，那课文为什么不选这个呢？

（言下之意：提醒学生关注课文）

C.师：那好，谁来说说这段话为什么好呢？（言下之意：顺着学生生成）

这样做有几个坏处。

1）最大的坏处是扼杀了学生的创造性和发言权，无须多言。

2）预设重要，完成教学目标重要，拒绝生成。

3）这种课堂貌似对学生尊重，如果把握不好，生成就会出现脱离文本而造成"千军万马过街"的情况，收拢能力不好的教师可能到最后会手足无措。这样的例子也有很多。

本堂课还有一处生成，也值得一说。

师：那她恨周朴园吗？

生：恨，恨死了。

师：你能就课文的句子具体地说说吗？

（生读有关句子，略）

师：还有不同的想法吗？

生：我觉得不一定是这样的。如果恨死了，就像刚才大家说的，她一看见是周朴园，就应该转身走了，根据刚才小组二的说法，有些感动了，这感动里面仅仅是恨吗？

（生议论纷纷）

这一处的生成，很是难得，这种问题的探讨是非常有意义的。这个问题的深入会有助于对周朴园的人物形象的理解。所以，我出示了"你——你们"的幻灯片，推波助澜地把问题引向了深处。

3.迷惑之处。

在上完本课以后，在思考预设和生成问题的时候，我突然想到：我这样的设计本身是不是就是一个太过于强烈的预设，学生被牵着走的味道是不是太过于浓烈，虽然学生学得有兴趣，落实也到位了，可是在课堂大层次上的生成呢？是不是显得小家子气了？如果在大的层面上设计成："戏剧的语言有何特点？""周鲁有感情吗？"自然也有预设和生成，可是学生的兴趣会有吗？年轻的教师会把握好这样问题的落实吗？

五、课堂大家谈

特级教师1点评：本课例为送教下乡的教学课，此课的教学方式和我前面所展现的"批注法"的课可以作为不同类型教法的观照。我从今天研讨的主题"预设、生成和有效"的角度来看，我觉得执教者很好地把握了课文所展现出来的文体的特点，紧紧扣住了戏剧语言的比较来进行教学。在语言替换的练习中，学生能很好地把握戏剧的特点，对文本的主题也能较深入地进行探讨，学生所展现出来的热情我们可以感觉到教师在设计上带来的效果。也就是说，在预设上，教师做得是较为漂亮的，可以用"春色满园"来形容。但这种漂亮我觉得也产生了另一个值得我们思考的问题：这种良好的课堂氛围是不是教师充分预设所带来的？那么生成呢？也就是说有"红杏出墙"的内容多吗？学生的思维可以说更多的是被老师的预设所控制了，我们在反思，这是不是我们的课堂所需要的？我的"批注法"正在试验中，它关注更多的是学生的生成，我觉得在一定程度上可以弥补本节课所带来的弊病。如何做更有效？我觉得教师在原有的基础上，能不能更放开一些？让学生生成更多一些，会有更好的效果。

特级教师2点评：康平老师的《雷雨》赏析课例的预设十分灵动精彩，且富有成效。因为课堂没有预设，就没有一个合理的组织结构，而任何活动都是有组织结构的，课堂教学更不例外。康平老师的预设指向性、引领性具体而明晰。其一是为带领学生进入学习情境而预设，其二是为引领学生品味戏剧语言、教会学生替换品味的方法而设，其三是为点拨学生的思维方向、提升学生的思维品质而设，这些必须要预设，而且是有效的预设。但是预设以后对于学生的生成怎么引导，怎么拨正，这就是一个教育问题。如果我们在学生的生成过程中遇到与预设方向不一致时，不是有意地回避和遏止，而是铺设台阶，逐阶引下，同样可以让那些无效的生成变成丰富的教学资源，使我们的课堂变得大气而精彩。康平老师的课例在这一点上可以做一些努力。

市坛新秀（吴老师）：在这节课中，我在思考的是这么几个问题：一是你在课前有无思考到这种预设可能过于浓重的问题？二是你在上课中，曾有学生提到跟你不一致的问题，似乎你还是往你的预设方向去作解答，请问你对生成是否有刻意的回避？三是你觉得这种替换法还在哪些文体中使用？你觉得这种方法对生成有害吗？

如果考虑到这样的情况，教师在设计教案和上课时是不是应该刻意地做一些工作，思考如何更大气、更开放地进行教学。我们不反对精心的设计，但过于精心的设计我觉得在某种程度上对学生主动理解文本是有害的。

自己的感悟：一是教师教学前必须有精心的预设，所谓的"满园春色"，这种预设会给课堂带来精彩，关键是老师怎么预设，怎么对待生成。只要是能帮助学生进入学习情境、学会学习方法、提升思维水平、矫正价值取向的预设都是必要的，有效的，这一点我们必须坚守。

二是教师不能设计太多的问题，要设计一些更具开放性的问题，那么精彩的生成便如"红杏出墙"，生成虽延伸到墙外，但根系在墙内，多元而有界。

三是对预设和生成中教师所起的作用，要有很好的认识，有时教师在处理生成时的表现，会成为一堂课能否正确生成并出彩的关键点。

第三章 让命题倒逼课堂转型

第一节 评价倒逼：一种"逆向"的课堂转型落实方式

课堂转型是新课程、新教材能否真正落地的标志性指标。课堂之所以需要转型，是因为旧有课堂已经无法承载学生发展的需要。无论是对学生的能力要求、知识的掌握还是思维的考量，当下课堂需要一定的时间来适应。课堂之所以需要转型，是因为旧有课堂中，"很多老师都在教很多学生一望而知的东西"（孙绍振语）；老师教的东西在考试的时候并不能派上用场——教学评不一致；对文本的处理除了一些约定俗成的教学内容外，很多语文老师直言很难出彩出新，所以只能采取最常规的教学。以上言论道出了旧有语文课堂教学的一些尴尬场面：教师的教与学生的学，教师的教和学生的考，对能力提高的需求和课堂教学的给予很多时候是不匹配的。

一、旧有的评价方式（考试导向）决定了旧有课堂的模式

大家先看一组诗歌群文的教学：

表一 群文教学文本《咏怀项羽诗三首》

> 题乌江亭（唐）杜牧
> 胜败兵家事不期，包羞忍耻是男儿。江东子弟多才俊，卷土重来未可知。
> 叠题乌江亭（宋）王安石
> 百战疲劳壮士哀，中原一败势难回。江东子弟今虽在，肯与君王卷土来？
> 注：宋仁宗至和元年（1054）秋，王安石舒州通判任满赴京途经乌江亭所在地和州（今安徽和县），针对杜牧的议论，写了这首《乌江亭》。
> 夏日绝句（宋）李清照
> 生当作人杰，死亦为鬼雄。至今思项羽，不肯过江东。

我们如果要教这一组诗歌，我们常规的动作就是先确定教学内容。可以教什

么呢？根据我们以往的经验判断，这一组诗歌可以教"诗歌的内容，诗歌的情感，诗歌的表达技巧"。基于这样的判断，我们就有了下面常见的教学设计：

表二 《咏怀项羽诗三首》教学设计

1. 导入
请同学们说一说你所认识的项羽。
2. 活动：这几首诗歌同样写的是项羽，褒贬有何不同？
3. 小组讨论：你最赞同哪一个人的看法？为什么？
每一个小组派一个代表上台发言，教师总结。
4. 总结：请你说一句话来结束。
项羽，我想对你说：_____
作者，我想对你说：_____

这样的教学设计比较常见，是上一阶段新课程变革中的典型案例。在以往的评价中，我们来判断这样的课堂教学设计是否优劣，也大多是立足于诗歌本身，比如诗歌教学内容的理解（包括不同作者对同一对象的不同理解）、诗歌情感的理解，低要求、浅层次的学生批判看法。这样的课堂是不是有效果呢？现在我们试着用最常见的评价方式——"试题"来判断这一节课的效果。

表三 某地模拟考试题

1. 这三首诗咏的都是西楚霸王项羽，但对项羽评价的角度并不一样，他们的角度分别是什么？（2分）
2. 前两首诗都是针对同一历史事件所写的咏史之作，其议论不落窠臼又各具特色，但都能言之成理。你认为哪一首更好，为什么？（4分）

这两个问题，只要学生在课堂中是认真学习的，基本上能完成得很好。细析这两个题目就会发现，第1题几乎没有思维含量，只是对内容理解的考核——这个层面的内容理解大多数课堂教学都是可以胜任的。第2题，虽然已经超出了对诗歌本身的内容理解，是对"对比思维"和"判断思维"的考核，但我们可以看到，如果这堂课的第三步设计得以落实，学生是完全能答好这个题目的。

以上两个题目也是近几年来比较常见的考试类型。这种评价方式基本上决定了表二所举的教学方式，也是基于旧评价情境下的教学评一致。

二、新的评价题型呼唤旧有课堂要做出新的调整

为了让大家体会旧有课堂的局限，我们不妨来做一个实验：既然旧有课堂模式是基于评价的推进，那我们是就改变评价方式来推进，还是选择"命题导向"的评价改变来看结果。同样是教学《咏怀项羽诗三首》，但题目增加两道，如下表。

表四　基于核心素养视野下的考试题目及答案设计

> 3.在(甲)组语段中，有两首诗都是吟咏在争夺天下中失败而自刎的悲剧人物项羽的，你最喜欢哪一首？请从诗歌内容或主旨的角度陈述你选择其一而不选择另外两首的理由（不超过60字）。
>
> 4.三首诗的作者对所吟咏的对象项羽分别持什么态度或情感，试推测这种情感或态度与各自生平经历之间的关系。
>
> 3题答案：我喜欢杜牧的诗，作为诗人，富有哲理性，任何事情都有可能，提示了世事特点，也批评项羽胸襟不够宽广；王安石的诗直接否定了事情的可能性，太武断。
>
> （本题5分，说出喜欢其一的理由，视其理由成立与否，3分；说出不喜欢另一首的理由，2分。喜欢或不喜欢的理由，超出以上答案的，言之成理即可，酌情判分。）
>
> 4题答案：杜牧是肯定项羽的实力和惋惜其自杀，杜牧是著名的怀古诗人，善于就历史事件发表哲理性的观感，有一定道理，但并没有令人信服的具体分析；王安石是批评项羽失去民心而不自知，作为政治改革家，更多从民生角度去考虑问题，而且个人常有不同于众人的见解；李清照是崇敬、仰慕英雄，作为女词人，经历失国失家南渡之痛，朝廷的软弱，甚至还有丈夫的懦弱，使其渴望有顶天立地的英雄出现。
>
> （能知人论世，有辩证思想，不一定与答案一一对应，只要言之成理即可。）

第3题限定角度（从诗歌内容或主旨的角度）来思考探讨作者创作时所选择的角度和情感表达，要求学生回答选择这一首而不选择另一首的原因。考核更加注重学生对诗歌的判断能力。

第4题推测诗中情感或态度与作者生平经历之间的关系，题目看似超出了教材的要求，但我们结合新课程对阅读量的要求来看，也没有特别值得惊讶的地方，所列作者均为常见，是应该了解掌握的范围。学生在完成这道题目的时候，更像在写一篇小论文，学生如果没有对诗歌和诗人的充分了解和理解，是写不好结论的。

很明显，这两道题目的设置要比前面两个题目的设置更具有挑战性，题目本身也更具深度感，更能考核学生的语言表达、审美鉴赏和思维含量。从实际检测

来看,学生的得分率分别为65%和43%。从得分率和设计与评价的关系来看,设计已经完全不能胜任新课程中的新型题目设置——也就是说,在课堂教学的过程中我们很难找到与评价一致的地方,出现了教学评不一致、新的评价方式打乱了教学评的呈现形态,而当下课程改革正是提倡打破旧有评价方式的。这样看来,课堂做出改革不是要不要的问题,而是考虑如何去做的问题。

三、改变评价方式从而改变课堂教学逻辑起点

那么,如何实行课堂转型呢？常见的课堂转型都着重于对课堂流程的重构、学习方式的选用和教学内容的取舍,是一种"顺时针"式的变革——这也是几十年来我们对课程推进的主要方式。它的最大优点就是"重新武装,投入革命"——以理念的更新来带动设计的更新,进而呈现课堂的转型。它最大的缺点就是"理念的更新"因为接受度、理解偏差性等因素影响,往往使变革呈现不到位的情况,从而影响了课堂转型的效果。

所以,很多人在思考,能不能转换教学评的方式,采用评价倒逼方式来推进课堂教学(事实上,本轮新课程的改革也就是这样的一种思路:取消考试大纲,在课程标准中增加学业水平考试与高考命题建议,用考试的改革倒逼课程的推进)。在掌握评价的前提下,教师们的教学是不是更加有指向性,更加有效度,设计也更具有针对性——这是一种"逆时针"式的变革,有人称之为"逆向设计"。"逆向设计"与"旧有设计"最大的区别是在备课之时,在确定教学目标的时候,多一个拟定的教学目标指导标准,相当于在备课环节中的教学目标拟定和教学过程之中,增加两个环节:"预期结果"(我想要达到什么目标)和"评估证据"(如何根据学生的学习成果来判断这个目标的达成)。"逆向教学设计"初衷就是先关注"评",从而定义"教",用"学"来保证。在某种意义上重新定位了"教学设计"的逻辑起点,避免教学评的脱节,从而实现"教有用、教学生需要"的理想课堂,体现了新时期"追求理解"的教学设计。

表五　逆向设计备课时段三阶段

阶段1:预期结果
确定教学目标:此设计将达到什么目标(如内容标准、课程或项目目标、学习结果)?

续表

阶段2：评估证据	
表现性任务： 学生通过哪些真实的表现性任务证明自己达到了预期的学习目标？	其他证据： 学生通过哪些其他证据（如小测验、考试、问答题、观察、作业、日志）证明自己达到了预期结果？
阶段3：学习计划	
学习活动设计：哪些学习体验和教学能够使学生达到预期的结果？将如何设计？	

让我们回到前面的教学设计。如果在教学三首诗之前，我们先给教师出示本次课堂结束以后要做的试题（第3、4题），大家可以看到，因为不同的评价导向，课堂教学内容取舍和课堂展现就会有很大的不同。

第一，为了完成第3题，教师必须要讲诗歌内容和主旨——完成以往课堂中最为常见的教学步骤——但是又不能仅限于此，他必须在讲述内容和主旨的同时，要引领学生说出自己的观点，要有评价意识，而不是简单的诗歌内容和主旨的重复。评价意识的评价导向意味着学生的学习不是简单的接受，还要进行自己的消化、理解和表述，因为学生要答出"为什么喜欢这一首，而不是另外两首"的原因，这个过程使得学生不是接受者而是参与者——这就很好地体现了新课程中学生应该是学习行为的主要执行者的理念。作为教师，课堂必须盘活学生的热情。

第二，为了完成第4题，教师的讲授必须具有拓展性和延伸性，必须有大量的文本之外的知识补充进课堂。学生要学会知人论世的常见论述思路，理解诗歌中的情感或态度与真实生活的联系和撕裂，要有辩证论述的思想。从表达的角度来说，两道题目均有类似大量微写作的意味。新课程追求深度阅读，追求基于真实情境下的问题解决，均会在课堂中得以实施。

第三，从答案的表述中，大家看到了"不一定与答案一一对应，只要言之成理即可"字样，这样的课堂设计和教学必须是开放的，它很好地展现了新课程中对学生思维培养的发散性。

表六 基于完成新型题目的教学设计

《咏怀项羽诗三首》教学设计

一、导入。初步感知。

请同学们读一读，初步谈谈自己读诗后的感受。

二、初步谈对作品的感悟。

你如何看待项羽的选择？你比较赞同谁的观点？

三、深入对作品的理解。设置任务。

【情境】记者招待会，请到了名人"项羽""杜牧""李清照""王安石"，请你们以小组为单位，准备两个有深度的问题，并提问。

活动1：每个名人扮演者简介自己的生平和创作这首诗歌时的一些想法。（要求这四位名人扮演者在课前查阅网络相关资料，教师亦可提供一些资料）

活动2：以两个人为单位，准备两个问题，现场提问，名人回答，不会回答可求助同学和老师。

活动3：评选最佳问题和最佳名人。

四、古为今用

如果，在你的书房要挂一幅诗歌，这三首诗歌，你会选择哪一首？为什么？

五、布置作业

寻找类似从不同角度评价同一个人的诗歌组，进行比较赏析。

在新的教学设计中，我们可以看到，设计的第二、三步对标试题（第3、4题），具有明显的针对性，基本上能解决这两道问题。在评价先行下的课堂明显呈现出显著的变化特点：

一是更有针对性。你考什么，我教什么，学生学什么，呈现评教学的一致性。

二是更具开放性。课堂通过任务活动的设计，不停留在诗歌本身的理解上，而是向外拓展延伸，学生的答案更加开放。

三是更具参与性。对问题的解决，是学生围绕着活动而发生的，不是教师通过简单的师生对话交流而成的，不会局限在某些学生和教师之间的交流达成。学生参与的面、参与问题的深度都有明显的改变。

四是更具真实性。任何学习都是一种熏陶和运用，是为解决现实问题而学。语文与生活结合得更加紧密。

可见，在合适的评价指导下，用"教"去落实，用"学"去保证，课堂的转型会变得更加自然一些，教学中对教学的把握也不会变得不可预测。

四、改变评价方式首先要尽量保证评价方式的科学

有一个值得关注的问题是，以上谈论基于评价方式转变而使得课堂转型的论述，都是基于评价首先是适切的、可操作的、可测的，所以在实施过程中，要特别注意评价方式的拟定相对要具有科学性、前瞻性和可行性——因为评价具有导向性，在整个教学环节中几乎是起着决定性作用。

在当下，要想课堂转型，评价方式的科学性首先就要贴合核心素养背景下对课堂的要求，评价方式的拟定一定要注意来源的正确性。前面所举的设计评价方式主要是从"命题导向"的角度来阐述的，除此之外，评价方式还有三个来源：教材要求、学情调查、特定目的。教材的评价部分主要集中在学习提示和单元学习任务。如必修上册第二单元的单元学习任务第二题：角度的选择对新闻评论非常重要，面对某个事实，评论角度不同，文章面貌往往不同……从本单元中任选一篇，基于呈现的现实，考虑可以从哪些角度进行评论。这样的评价提示在备课时，教师要充分地予以重视，它完全是也应该是教学设计最为重要的来源，这也是新教材变"课后作业"为"评价式的学习提示"、增加单元学习任务的最主要的导向。我们在教案设计中，多参考于此，基本上会符合新教材的教学需求，设计一般也不会出现偏差。

至于学情调查和特定目的，则是教师根据自己的学生的特殊学情、出于特种目的而拟定好的一种评价方式，一般来说，教学水平相对高一点的老师会选择得比较多。

第二节 命题研究：为了让课堂更真实有效

我们已经了解了教学评价对课堂变革的引领作用之重要性，评价方式中最为直观的命题，成了课堂教学中影响力最大的要素。故而，命题对教学导向可以说有着肯綮的作用，在考虑用各种方式来促使核心素养落地的今天，谈论这个话题，显然非常有意义。

2000年，浙江省以"诚信"为标志的"话题作文"开启了长达十几年的作文教学导向，而后论述类的命题导向成为课堂作文教学的主流。最近在全国高考卷中出现实用类写作（如演讲稿），很多教师因为一直从事议论文教学，对于应用类与论述类文体相结合的新型作文教学难以适应，显然教师们并没有很好地适应基于这种命题的转向。时下课堂中，很多教师也开始研究实用类写作。可见，"考什么，教什么"仍然是中国教师的教学取向，所以，从这个角度上来说，命题研究的重要性超出了我们的想象。对命题的教学导向研究也成了学校备课组的重要工作之一。

命题研究之所以有这样的作用，是因为一个试题的命制，究其产生，可以追溯试题本身的意义，可以推测试题命制考核的方向，可以梳理近几年的题型从而推断往后的命题可能。凡此种种，无不可从命题的角度让我们重新思考教学内容的选择。新课程推进过程中，很多人对新课程理念的推广颇有微词，比如"群文阅读"，很多教师认为没有必要，认为群文阅读是一种浅教学，因为教师们觉得相对于单篇的精耕细作，群文阅读在形态上呈现出教学不深入的特点，教师认为群文阅读会消解对文本的深入。但教师们一旦接触了非连续文本或者是现代文阅读中的多文本结合的考核方式，便可明白，"群文阅读"既不排斥"文本深入阅读"，又可培养学生"速读""概括筛选""勾连想象"能力的作用。一旦明白了这个道理，教师们便会自觉地理解并参与到新课程中来。只要大家关注新版课程标准就会发现，在新版课程标准中新增加了"学业和高考评价标准"，这是在以前的课程标准中所没有的。以前课程改革中出现过"课程在改，只要考试不改，我的教学方式便不改"的不好状况。本轮课程改革就是想通过评价来推动课程改革，目前我们已经看到了效果。这也从另外一个角度说明了命题研究对课程落地的重要性。下面我以两份试卷的命题说明和分析来看一下对课程改革推进的导向，提供研究的框架和方式途径，供大家参考。

命题说明展示

以考促教：核心素养落地的一种重要方式

下面我以温州市2020年高一期末几道带有导向性的典型题为例，来展示命题如何体现新课程中的核心素养测试，如何在教学方面进行有效的引导终至引导课堂教学的落地。

一、导向"思维发展和提升"的文学类阅读命题

典型题一：

> 8. 第③段提到"大学公园"路边的指示牌上，有一句有趣的宣传语。结合上下文，拟写宣传语（用中文表达），并说明理由。（6分）

此题的命题材料节选自耿传明的散文《在牛津》（文章见附件）。此题采用了文中挖空要求学生补写的方式。学生要完成这个题目，必须联系上下文，对上下文的内容进行概括和梳理，方能猜测出答题的方向和大致内容。这个猜测的过程，就是学生阅读的思维梳理过程。学生答题时要在具体语境中细细体察，做出个体的判断，这种个体的判断往往没有唯一的答案，命题者要判断的是答题者能否做出恰当的判断路径（思维过程）。我们的关注点是根据答案来判断学生的思维过程是否合理，而不是简单的梳理概括。

典型题二：

> 9. 本文发表于《散文》杂志，下面为录用通知书，请合理揣摩并写出审稿编辑的录用理由，50字左右。（6分）

《散文》录用通知书	
录用标准（三个关键词）	你的·发现·表达
录用理由：	

典型题二相对典型题一来说，在思维的层面上更深一层，已经超越思维梳理

到达思辨的层面。本题设置的初衷是考核学生对这篇散文优点的赏析，但我们设计了一个情境：揣摩并写出审稿编辑的录用理由。为了让学生在论述时有一个明晰的方向，我们采用《散文》杂志封面的三个关键词"你的·发现·表达"作为表述的标准。这三个标准分别指向散文中的"人"，散文的"选材"，散文的"表达"，对应考试的三个散文知识点中的"情感""选材""技巧"。这类题目答案的呈现方式要求相对发散。答题时学生只有深入文本，在领悟的基础上做出自己的判断方可完成。我们试图传达的是这样的教学导向：阅读的过程也是思维梳理的过程，是思辨判断的过程，当然，同时也是组织语言表达的过程。

在当前"文学阅读与写作任务群"关照下的现代文阅读教学中，教师们在设计中缺少对思维梳理的关照（他们更多关照的是事实的理解）；缺乏对思辨的关照（他们想当然地认为思辨教学应该都是论述类文章）。实际上，只要有阅读的地方就会有"思维"和"思辨"。对照以上两个题目，我们很快地发现，教师的阅读教学如果只是停留在对内容的熟悉理解层面上，是无法解决以上两种题目的。鉴于核心素养背景下试题的转型，我们认为只有在文学作品的阅读教学中，学生在教师的带领下，通过品味与辨析特殊的词语，分析词语的作用，梳理作者的叙述思路，判断作者表达的主旨与写作意图，发现形象的价值和意义，反思自己思考与分析的路径与方法是否正确，获得人生成长的借鉴意义等，方可真实真切地提高学生的文学阅读能力，应付将来的评价测试，这也是我们命制题目的教学导向初衷。

二、导向"语言运用和表达"的文言文阅读命题

典型题三：

登泰山记 　游灵岩记 　姚鼐

（文章见附件）

11. 古文在流传中常常有缺字，后人阅读时需要联系前后文，考虑字词的用法去填补。下面三句中均有缺字，选出填入空缺处相对合理的字的一项是（3分）

（1）当其南北分□，古长城也。（2）登□周望万山。（3）而灵岩有朗公石□。

A.之　则　矣　　B.者　则　焉　　C.者　乎　焉　　D.乎　者　矣

如何才能考出学生对语言的理解、运用能力，是命题者一直在努力思考的课题。在做古文阅读的命题时，我们要有意识地深入语言本身来设置题目。第11题

我们直接采用挖空的方式要求学生补出缺失的虚词，考虑到学生初次接触此类题目，故而还是采用选择题的方式，今后可以更往前一步，采用直接填空的方式。

学生要做好此类题目，不仅仅要掌握常见的虚词的用法，更要学会在具体的语境中虚词运用的规律，考虑前后文的具体语境关联。比如此题选项中的(2)登□周望万山。考生如果不联系具体语境的话，其实填进"则"和"乎"均可——前者表示"就"，后者表示句中"停顿"。但具体到真实语境"度其高当岩之十九，峭不可上，横出斜援乃登。登□周望万山，殊骛而诡趣，帷张而军行。"学生就可以判断出应该用"则"表示顺接，比较恰当。这样的题目我们认为已经不只是考知识的掌握，更多是在考学生的语言运用能力了。我们认为只有做到这一步，才是真正的涵泳语言，进入四大核心素养中最基础的部分，也可以避免简单地通过几个虚词比较设置而成的选择题所带来的弊端。

针对这篇文言文，我们从"文章"的角度也命制了一道题目（典型题目四），与典型题目三构成呼应，试图从命题的角度来阐述对文言文教学的理解。

典型题目四：

> 14. 姚鼐所属桐城派主张散文创作要"义理"（鲜明的思想观点）、"考据"（确凿的事实材料）、"辞章"（精练的文字表达）三者并重，请就其中任意两点结合文本作简要分析。（4分）

如上所言，我们可以看到的是文言文教学如果还停留在以往的方式，显然是不太合适的。先前我们批判文言文教学停留在字词或者脱离字词本身的"类似现代文"教学层面的弊端，其实，如果真的推敲一下，哪怕我们注意了"文字、文言、文化"有系统、有层次的文言文教学，我觉得还是缺少了一环：语言的理解和运用。要完成此类题目，我们的文言文学习就不能只是停留在熟知、判别和归类等层面上，更应该通过学习，掌握古人运字、用句、组装的方法，梳理语言运用的规律，寻求潜伏在语言背后的意蕴，从而丰富我们的语言表达，这才是学习语言（文言文）的终极目标，也是新课程背景下文言文教学最应该注意的地方。

三、导向"语文核心素养"的真实写作命题

典型题五：

(温州市A类学校)

22. 阅读下面的材料，根据要求写作。(60分)

史铁生最为黑暗的一段时光，是在北京地坛中度过的；也是在地坛，他获得了"生"的启示和力量。地坛中的一棵老树，见证了这段重要的时光。

请借老树的视角，以"我"为叙述人称，写一篇文章，讲述你的所见、所感、所思、所悟。

【注意】①综合运用多种表达方式，不得写成诗歌；②想象合理；③不少于800字；④不得抄袭、套作。

(温州市B类学校)

22. 阅读下面的材料，根据要求写作。(60分)

雪山中学是一所乡下普通中学，在新教材使用过程中，高一语文组的老师们发现教学时间很是紧迫。他们认为教材中第四单元"家乡文化生活"属于社会实践类教学内容，同学们生于斯长于斯，其教学意义不大，于是，他们就选择了不安排此单元的教学。

请你以雪山中学高一学生的身份，写一封给雪山中学高一语文组负责人贾老师的信，表明你的态度，阐述你的所思所想。

要求：①注意表达情境，符合书信要求；②态度明确，理性表达；③不能在文中泄露考生真实姓名、学校等信息；④不少于800字。

作文为选做题，分为AB类，分别供不同层次的学校选做。这两道题目一改浙江省作文命题偏重于"论述类"的命题方法。命题起因是我们在教学中发现，论述类作文经过这几年的发展，模式有固化的倾向，再加上受到在批改过程中因为追求完成率而导致一些粗暴批阅做法的影响，教师们已经"有的放矢"地摸索出一些常用的所谓"小妙招"——不追求作文本身的提高，而是通过一些所谓"技巧手段"来达到作文教学目的。2020年浙江省满分作文《生活在树上》所引起的巨大争议，说明了教师本身对纯技巧作文的警惕和担忧。

具体到我们真实的作文教学课堂，教师们也较多见地在教授一些技法，很少有人会去关注写作能力的提升，去做有的放矢的提高训练。这两道作文题，是属于"非虚构性"范畴的作文。前者是记叙文，看似是借"地坛"中的一棵"老树"来写，是属于虚构撰写，实际上我们看中的是作者在写作时，能否综合运用描写、叙事、议论等表达能力及其对生活本身思考的深度。第二道题借助新课程教学中真实出现过的一种场景，要求学生理性表达自己的观点。两道作文题目均是由课文生发，需要考生勾连真实生活，激发本人的激情，进行真实的写作。命题的导向非常清楚，我们希望能提倡在某种相对真实的情境下，学生根据自己的水平和理解，能真实地表达自己的心声，写出自己能写的文字，而不是为了达到某种目的，通过一些看似高明的技巧来完成写作——我想这绝不是作文教学的初衷。

当然，绝不仅仅只有这几道题目才能体现"导向"，一份试卷的作用是多方面的，各题承担的任务也是不同的。本文采取的视角，试图说清楚一个问题：核心素养背景下的课堂教学必须要多关注语文学科的四大核心素养。只有这样才能教得科学，教得到位，将来的"测试评价"会更加科学，教学评不会再脱离得太久——这也是新课程中的亮点之一。

附试卷

2021年1月份温州市高中高一期末教学质量检测

（相关题目）

一、现代文阅读

（三）文学类文本阅读（本题共3小题，15分）

阅读下面的文字，完成7~9题。

在 牛 津

耿传明

①我在牛津的时候有一次受邀参加牛津大学一个很古老、著名的学院莫顿学院的晚餐会，获得过诺贝尔文学奖的诗人T.S艾略特就曾在该院任教。这样的晚餐会在牛津大学是一种非常隆重的场合，学院的教师和学生都要穿着专门的长袍出席，受邀的客人也要求穿燕尾服，系领结。到了晚餐会场，师生都依序站立，氛围肃穆、庄重，主持者首先以自古相传的仪轨用拉丁语祷告，行礼，然后入座。菜肴并不丰盛，我记得好像就是土豆、奶酪、鱼排之类，主要在于精神会餐，也就是坐下来之后的老师学生开始边吃边聊，探讨彼此感兴趣的问题，这样的探讨、争论直到夜阑才会结束。钱锺书戏言：在牛津需吃够多少顿饭，才能毕业，指的就是这个。我有时会发一痴想，如果我们中国的大学是从周代的"乡校"、汉

代的"太学"、隋唐的"国子监"一路延续下来的，也许会更有底气和活力，因为根深才能叶茂，至少在校史上和牛津有得一拼吧。

②有段时间我租住在一个郊外的小镇Maston，这个小镇建于上世纪30年代，多是一种别墅式的建筑。这些房子虽已有八十多年房龄，但在牛津绝对算不上老建筑，因为在这儿上百年甚至数百年的老建筑亦随处可见。

③从这个小镇到我所在的研究所有一条捷径，那就是穿过牛津著名的"大学公园"，直达市内，全程大约有七八里路，基本上是纯任天然，以原生态的森林、小河、沼泽、野生草地为主，小河中经常可以看到有一队从容不迫、结队游弋的野鸭子。在路边有一块木质的指示牌，背面写了一句非常有趣宣传语：_____
_____。

④出了公园，就到了市内，附近坐落着几个有数百年历史的学院，每个学院的一个突出标志便是它的高耸入云的教堂——一种被歌德称为"上帝之树"的古老的中世纪哥特式建筑。沿着学院的外墙走不多远，就到了一个十字路口，路边有一个建于中世纪的大石屋，上面长满了青苔，石头上留存着一种苍黑色的印记，好像是经过漫长岁月濡染过留下的"包浆"。

⑤我所在的研究所的老师也来自专业相关的各个学院，我的导师是一位年过六旬的老教授，曾带我去她们学院参观。她所在的学院建于17世纪初期，大致与莎士比亚同时期，四百多年校史，在牛津还不算太老的学院。

⑥关于这个学院还流传有这么一个故事：四百多年前学校初建时，礼堂用的梁柱等全取材于数百年才能长成的厚重、坚硬、光洁的橡木，非常气派。过了三百多年，这些橡木梁柱已经老朽，需要更换了，但要修旧如旧，到哪里去找这些百年才能成材的橡木？正在校方一筹莫展之际，负责校史档案的职员提供了一个线索：当年的学校捐助者给后人留下一封信，信中提到，捐助者当年在自己的庄园种下了几十棵橡树苗，现在三百年已经过去，正好成材，可满足需要。学校将信将疑，派人到贵族当年的庄园查问，果然发现了已经成材的三百多年的橡树园。

⑦我曾问过导师这个传说的虚实，导师说她是二战后才来到牛津读书的，不知究竟，但是这类事情在牛津、剑桥乃至英国发生是完全可能的，因为现在学院的财产还有很大一部分来自数百年来校父、校友们捐赠的土地和财产，这些构成了学校存在的坚实的财务基础，没有这个做家底，要把非盈利的大学数百年地延

续下去是不太可能的。

⑧在英国生活期间，有时会遇到一些麻烦和不便。举个例子，我在牛津每天要走的那条公园小路，有一阵出现了问题。我当初选择在那个小镇租房，就因为有这条穿过公园直达市内的捷径，这样到我的工作地点，步行半个小时即可，沿途绿树黄花、小桥流水、野趣盎然。没想到刚搬过去半个月，牛津下了场大雨，把公园里的那条小土路给淹了。水虽然不深，刚没脚脖，但步行显然是过不去了。而此路不通，就只好绕行公园外的大路，那距离就大大增加了，要一个半小时才能走到研究所。

⑨论说在小镇住的人也不少，每天像我这样走这条便捷小路到市内的人少说也有二三十个，这样的问题显然也不是偶尔出现，为何公园当局就不能把小路整修一下，以方便行人呢？这话看似有理，但你要是固执己见就错了，因为你是完全从自己的利益考虑的，而公园当局考虑的则是一旦把小路垫高、水流隔断，小路那边的沼泽就会缺水干涸、路边的芦苇就会枯死、水中的生物小鱼、青蛙等等就会陷入绝境，河里的野鸭子的快乐生活也就走到尽头了……

（选自《散文》2020年第1期，有删改，作者系南开大学文学院教授）

7. 下列对本文相关内容和艺术特色的分析鉴赏，不正确的一项是（　　）

A. 文中钱钟书的话，表面上看似在提倡多参加牛津大学这种庄重的晚餐，实则表明对牛津大学开放、个性、自由的学习方式的喜爱与认可。

B. 文中插入三百多年橡树园的故事，主要为了表现牛津大学的捐赠者们坚守承诺、注重诚信的品质，证明财力支持是学校发展的坚实基础。

C. 作者提及在牛津看到很多古老的建筑，并强调它们的初建时间或距离当代的时间，使文中看似零散的访学见闻被"历史厚重"这一主线串联。

D. 作者常用"我在牛津的时候""我所在的研究所"等类似的叙述腔调展开话题，使文章呈现出"实录"型散文的特点，体现了"散文即真"的审美理念。

8. 第③段提到"大学公园"路边的指示牌上，有一句有趣的宣传语。结合上下文，拟写宣传语（用中文表达），并说明理由。（6分）

_____

9. 本文发表于《散文》杂志，下面为录用通知书，请合理揣摩并写出审稿编辑的录用理由，50字左右。（6分）

《散文》录用通知书	
录用标准（三个关键词）	你的·发现·表达
录用理由：	

二、古代诗文阅读（35分）

（一）文言文阅读（本题共5小题，20分）

阅读下面的文言文，完成10~14题。

（甲）

泰山之阳，汶水西流；其阴，济水东流；阳谷皆入汶，阴谷皆入济；当其南北分□，古长城也。最高日观峰，在长城南十五里。

余以乾隆三十九年十二月，自京师乘风雪，历齐河、长清，穿泰山西北谷，越长城之限，至于泰安。是月丁未，与知府朱孝纯子颖由南麓登四十五里，道皆砌石为磴，其级七千有余。泰山正南面有三谷：中谷绕泰安城下，郦道元所谓环水也。余始循以入，道少半，越中岭，复循西谷，遂至其巅。古时登山循东谷入，道有天门。东谷者，古谓之天门溪水，余所不至也。今所经中岭及山巅崖限当道者，世皆谓之天门云。道中迷雾冰滑，磴几不可登。及既上，苍山负雪，明烛天南。望晚日照城郭，汶水、徂徕如画，而半山居雾若带然。

戊申晦，五鼓，与子颖坐日观亭待日出，大风扬积雪击面。亭东自足下皆云漫，<u>稍见云中白若樗蒱数十立者，山也</u>。极天云一线异色，须臾成五采。日上，正赤如丹，下有红光动摇承之。或曰："此东海也。"回视日观以西峰，或得日，或否，绛皓驳色，而皆若偻。亭西有岱祠，又有碧霞元君祠。皇帝行宫在碧霞元君祠东。

是日，观道中石刻，自唐显庆以来。其远古刻尽漫失，僻不当道者皆不及往。山多石少土。石苍黑色，多平方，少圜。少杂树，多松，生石罅，皆平顶冰雪。无瀑水，无鸟兽音迹。至日观数里内无树，而雪与人膝齐。桐城姚鼐记。

（选自《惜抱轩诗文集·登泰山记》）

（乙）

泰山北多巨岩，而灵岩最著。余以乾隆四十年正月四日，自泰安来观之。其状如礨石为城墉高千余雉周若环而缺其南面南则重嶂蔽之重溪络之自岩至溪地有尺寸平者皆种柏翳高塞深。灵岩寺在柏中，积雪林下，初日澄彻，寒光动寺壁。寺后凿岩为龛，以居佛像。度其高当岩之十九，峭不可上，横出斜援乃登。登□周望万山，殊鸷而诡趣，帷张而军行。岩尻有泉，皇帝来巡，名之曰甘露之泉。僧出器酌以饮余。回视寺左右立石，多宋以来人刻字，有堙入壁内者，又有取石为砌者，砌上有字曰政和云。

余初与朱子颖约来灵岩，值子颖有公事，乃俾泰安人聂剑光偕余。聂君指岩之北谷，溯以东，越一岭，则入于琨瑞之山。盖灵岩谷水西流，合中川水入济，琨瑞山水西北流入济，皆泰山之北谷也。世言："佛图澄之弟子曰竺僧朗，居于琨瑞山，而时为人说其法于灵岩，故琨瑞之谷曰朗公谷，而灵岩有朗公石□。"当苻坚之世，竺僧朗在琨瑞，大起殿舍，楼阁甚壮。其后颓废至尽，而灵岩自宋以来，观宇益兴。

灵岩在长清县东七十里，西近大路，来游者日众。然至琨瑞山，其岩谷幽邃乃益奇也，余不及往，书以告子颖。子颖他日之来也，循泰山西麓，观乎灵岩，北至历城，复溯朗公谷东南，以抵东长城岭下，缘泰山东麓，以返乎泰安，则山之四面尽矣。张峡夜宿，姚鼐记。

（选自《惜抱轩诗文集·游灵岩记》）

10. 下列对文中画波浪线部分的断句，正确的一项是（　　）

A. 其状如礨石为城墉/高千余雉/周若环而缺其南/面南则重嶂蔽之/重溪络之/自岩至溪地有尺寸平者/皆种柏/翳高塞深/

B. 其状如礨石为城墉/高千余雉/周若环而缺其南面/南则重嶂蔽之/重溪络之/自岩至溪地有尺寸平者/皆种柏/翳高塞深/

C. 其状如礨石为城墉/高千余雉/周若环而缺其南/面南则重嶂蔽之/重溪络之/自岩至溪/地有尺寸平者/皆种柏/翳高塞深/

D. 其状如礨石为城墉/高千余雉/周若环而缺其南面/南则重嶂蔽之/重溪络之/自岩至溪/地有尺寸平者/皆种柏/翳高塞深/

11. 古文在流传中常常有缺字，后人阅读时需要联系前后文，考虑字词用法去填补。下面三句中均有缺字，选出填入空缺处相对合理的字的一项是（　　）

(1)当其南北分□,古长城也。 (2)登□周望万山。 (3)而灵岩有朗公石□。
A.之 则 矣　　B.者 则 焉　　C.者 乎 焉　　D.乎 者 矣

12.下列对原文有关内容的概括和分析,不正确的一项是(　　)

A.姚鼐所记登泰山路线不同于古时登山路线。他沿着泰山正南面三谷中的中谷进山,途经中岭的天门溪水,又沿西面的山谷走,终到山顶。

B.《游灵岩记》第二段有对泰山周围地理环境进行补充说明的内容,又详述了琨瑞之谷被称为朗公谷的原因及相关的历史地理名物的沿革。

C.姚鼐叙写游泰山按明显的时间顺序,日观峰看日出按日将出、日正出、日出后的时序显示出泰山的非凡气势,写游灵岩则时序不明显。

D.这两篇散文叙述与描写并用,自然生动,富有情致。描写时注重"炼字",如"明烛天南"的"烛"字、"寒光动寺壁"的"动"字。

13.把文中画横线的句子翻译成现代汉语。(7分)

(1)稍见云中白若樗蒱数十立者,山也。(3分)

_____

(2)度其高当岩之十九,峭不可上,横出斜援乃登。(4分)

14.姚鼐所属桐城派主张散文创作要"义理"(鲜明的思想观点)、"考据"(确凿的事实材料)、"辞章"(精练的文字表达)三者并重,请就其中任意两点结合文本作简要分析。(4分)

_____

四、写作(60分)

22.阅读下面的材料,根据要求写作。(60分)

史铁生最为黑暗的一段时光,是在北京地坛中度过的;也是在地坛,他获得了"生"的启示和力量。地坛中的一棵老树,见证了这段重要的时光。

请借老树的视角,以"我"为叙述人称,写一篇文章,讲述你的所见、所感、所思、所悟。

【注意】①综合运用多种表达方式,不得写成诗歌;②想象合理;③不少于800字;④不得抄袭、套作。

命题导向展示二

情境化·导向性·探索性

——2019年海宁市普通高中高一新生入学基础测试（语文学科）评析

很多重点高中的校长们，担心中考试卷（由全员性考试导致的难度值偏低）并不能真正地区分开学生的语文水平差异，故而，很多重点学校在新生入学的时候，都会进行分班考试。这种考试的试卷基本上具有这样的特点：一是考核内容选择粗暴——大都是中考加高中新教材的一、二单元；二是试卷形式和难度设定随意——基本上是高考试卷的形式（命题者大都是高中语文老师），略高于中考的难度。这种在考试内容选择和考试形式难度设置上的随意性，在某种程度上减弱了检测的效果，很多时候并不能真正地检测出学生的真实知识水平，更遑论检测出学生的核心素养能力的高低。

海宁的这份试卷在这样的背景下，做出了自己的探索回答。我觉得很多方面值得我们借鉴和思考。

一、情境化测试——指向真实的生活运用

素养和情境天然有关联，当下语文学界基本上有共识：就考试测评而言，唯有依托真实的任务情境，才能真实反映考生语文学科核心素养的发展水平，达到诊断的目的。《普通高中语文课程标准（2017年版）》（以下简称新课标）评价建议明确指出："语文学科核心素养需要在真实的语文学习任务情境中综合考查。"所以情境化命题设置必将是将来命题的方向。

一般高中试卷相对结构固化，本试卷有别于常见的高中卷，在情境化命制思路上做出了自己的探索，主要体现在两个方面：一是整张试卷的情境化；二是考点题目的情境化。

（1）整张试卷的情境化。整张试卷设置了"高中新班级创班刊"的大情境，要求学生在这样的大背景下参与完成三项活动，命题者在三项活动中设置考点（语知语用、名句默写、古文阅读、诗歌鉴赏、实用类阅读、科幻类小说阅读、名著阅读和写作）。整张试卷的考点基本上囊括了高中阶段的测试题型，但是它并没有按照常规的高考试卷的组合分类来设置组装，而是把整张试卷都置于一个统一的情境之下。相当于命卷者设置了一个贯穿到底的"把手"，让学生顺着这个"把手",逐一走完设置的情境,最后完成所有题目的答题。也就是说,先后各个题目之间看似松散,实际上前后是有关联的,但在答题时又不是前题影响后题,而是在一定程度上保持各题的独立性。这比起那些将各个题目机械地相加、前后不相关联的试卷要来得高明,学生答题时可能感到更加亲切、顺畅,也更加符合贴近学生的答题心理习惯。

(2)考点题目的情境化。主要体现在试题设置了相对真实典型的生活情景和答题情境。比如活动一中的第2题,要求学生为班刊确定封面,并说明选择该封面的理由;活动三中设置"为打消家长疑虑,要求学生为说服家长支持班级办班刊而写演讲稿"的情境等等。这些问题都是学生会碰到的真实的生活情境,也都具有站在学生的角度来答题的要素,试题从生活中来,贴近学生实际。新课标明确规定了语文的活动:"以语文学科核心素养为纲,以学生的语文实践为主线,以任务为导向,以学习项目为载体,整合了学习情境、学习内容、学习方法和学习资源,引导学生在运用语言的过程中提升语文素养。"而这种试题的设置正体现了教考一致性的命题趋势。

二、测评导向——指向语文核心素养的考核

"考什么,教什么,怎么考,怎么教",试卷的导向一直以来在影响着教师对教学内容的选择和处理。前面我们已经提到过,新课程要求试卷的命制"引导学生在运用语言的过程中提升语文素养",故而在本试卷中,命题者非常明确地指向语文的核心素养。

(1)指向"语言建构和运用"。活动一中的"语基"部分,拼音、错别字、语病没有单独以选择题形式出现,它的考查全部纳入"一则班刊"的修改内,是依托于真实的情境背景下的考核;活动二中第11题的"班刊栏目"涉及语言的解释、概括和得体,第14题的名著阅读,要求学生就"少不读水浒,老不读三国"的观点提出自己的看法和理由;活动三中的作文则选择了实用性作文——演讲稿,更加注重语言的运用和表达。这些题目的设置很明确地告诉学生和老师们,在教学的时候,要注重语文知识在实际生活中的运用,达到在生活运用中逐步掌握祖国语言文字的特点及其运用规律的要求。

(2)指向"思维发展和提升"。活动一中命制的是班刊前三条计划排序不妥,要求学生重新排序的题目。活动二中第3题的古文实词考核,不直接以选择题的形式来编排,而是采用为文中某个实词编写注释——这个属于更高级的考核方

式。第7题，要求学生根据对阅读材料的评论，找出此文"命意之高超"的理由。活动二中的第13题，"有人认为科幻小说太幼稚了，高中生阅读价值不大。请表达你的观点"。第14题要求学生就"少不读水浒，老不读三国"发表意见。7和14两题都没有固定的答案，需要学生根据内容做出自己的思考和语言组织。通过学生的表达来测试考生的思路阐述和呈现水平，呈现出当下考试"反套路""脱模"的命题特点。学生作答的过程就是学生形象思维、逻辑思维、辩证思维和独创性思维的呈现过程。联系到近几年来浙江省对"脱模"题型的提倡和实践，我们可以在这张试卷中窥到某种喜人的迹象。

（3）指向"审美鉴赏与创造"。新课标强调"立德树人"，注重对学生的情感、价值感的培养，注重对学生艺术美、人格美等情感的培养，在本测评卷中，通过素材的选择，甚至是直接以题目设置来达到"审美鉴赏和创造"的作用。活动二中的古文讲述如何面对他人的嘲笑而保持读书人本色的问题，是古代儒家修身处世的典范；现代文则选择了刘慈欣的科幻小说《时间移民》，文章充满了忧患意识。学生完成测试的过程，也是在学习提升审美品位的过程。

（4）指向"文化传承与创新"。对传统文化的重视，是测评的一个很重要的内容。本试卷背诵部分对素材的选择，在古文部分是对儒家处身立世的讨论，诗歌鉴赏部分选择了陆游的《病起书怀》，这些都是传统意义上的"立言立德"作品。"名著阅读"是考核四大名著中的《水浒传》《三国演义》，作文采用了演讲稿的传统文体表达方式。在创新方面，非连续性文本选择了"人工智能"，现代文阅读选择了"科幻类作品"。试卷在文化传承的基础上又呈现出对未来科技等领域的延伸触及，使得整张试卷既有古代文化核心思想的理念，又有现代的科技人文因素的特色。

三、测评之外——指向更深处评价的臆想

综观整张试卷，在考核学生的核心素养方面迈出了可喜的一步，但从深入度和改变率来讲，还只是一小步。出于"爱之切，责之深"，我觉得试卷还可以再往前探索一步。

（1）情境化的题目设置应该不只是停留在形式上。基于核心素养的考测评不是考察抽象知识与技能的静态呈现，而是学科知识、技能和态度的动态整合。真实的情境不是命题者的凭空想象，是真实、可感、为着特定目的而设计的，它必须使人在置身于真实任务情境下的一个激发欲望、呈现真实水平的过程。综观整

张试卷，虽然统一在"创设班刊"的大话题下，但是，这种贯穿到底的设计——就是前文所说的"把手"——更多的是"各自为政"。实质上，各个题目之间并无真正的联系（我们不否认个别几个小题之间是有这种联系的），它呈现出的是内容上的整合性。如试卷的活动二"为帮助同学们提升阅读能力，班刊编辑部选了几篇文章，请你参加"，活动设计了"古文阅读""诗歌鉴赏""非连续性阅读""科幻类阅读""名著阅读"，除了非连续性文本题的"提示语"和"名著阅读"题与班刊的编辑有关外，大部分题目只是借了一个名义上的情境（编辑部要选这几篇文章的名目）考自己想考的内容。我认为整合性、过程性是真实任务情境要解决的一个问题。今后如何基于整张试卷的真实情境进行考试尚有待探索。从这一点上看，大情境下的试题命制还是象征性的意义居多。

（2）阅读题命题的步子还可以走得更快些。语文试卷中比较能考核学生真实水平的是阅读部分。在本试卷中选择了"人工智能""时间移民"，前者属于实用类，后者属于科幻类。从题目的角度来说，"人工智能"篇的题目相对活泼，有一定的创新性，但难度稍低。第9题的结构图，第11题的提示语都是新颖的题目，值得肯定。相比之下，科幻类阅读的题目虽然看起来有创新，实际上还是过于陈旧，基本上都是以往阅读命题中所常见的。现代文的测试常年受累于"模式化的答题"，在今天核心素养背景下，能否脱模，让学生不"套答"已经成为命制题目的新方向。去年的全国卷1、2卷和浙江省试卷在这方面都做了探索，如："作者的兴奋情绪在文中画横线部分表现为怎样的语言特点？"（2018年浙江省高考语文题）；"文中画波浪线部分连用10个'一'，具有怎样的艺术效果？"（2017年浙江省高考语文题）。在本试卷中，我们是否可以考"科幻类文章的文体特征"？考"科幻类小说（或者此一篇）的语言特点"？考"科幻类情节设计的合理性"？或考"人物特征的塑造是否合理"？这些都是值得考虑的问题。

附试卷
2019年普通高中高一新生入学基础测试试题卷

温馨提示：本卷分三大版块，16题，共6页，满分150分。请将答案写在答题卷上。考试时间120分钟。

高中新班级,学习新旅程,班委会决定创办班刊,请你积极参与此项活动。

活动一(24分)

1. 小胡同学起草了以下班刊创办计划,还很粗糙,请你帮助完善提升。(11分)

关于创办班刊的计划

子曰:"吾十有五而志于学。"十五、六岁的同学正值书山跋涉、学海扬帆的青春年华。我们将以"志学"为主旨,创办班刊,相互勉励,共同进步。

具体计划如下:

一、向全体老师和同学征集刊名(含题字)和栏目名。

二、确定栏目的个数、班刊的期数与页数,以及一期的大概字数。

三、在班会上宣布班刊的主旨与计划,争取师生的支持。

四、成立编辑部,明确分工与各自的职责:主编审读所有稿件,并(tǒng chóu)____①各个栏目;栏目编辑保证稿件质量,做到____▲____,还不得有语病和错别字,编稿后(xū)____▲____②与原文校一遍;美工负责各部分的美化。

五、建立编辑与读者的互动机制,随时听取读者意见,改进班刊质量。

同学们,(A)初中时光是那么美好,那么令人难忘。(B)高中求学之旅一定满载奋进的力量和美好的回忆。(C)让班刊放飞我们的梦想,记录我们的成长吧!

班委会
二〇一九年九月

---

(1)上述计划中有两处小胡用拼音代替,请你帮他写出汉字。(2分)

(2)你发现,这个计划中有一处标点用错、一个错别字和一个病句,请改正。(3分)

(3)在第四条计划中,在"做到"后面,小胡想不好该用什么成语来表达,请你根据文意补上一个。(1分)

(4)你还发现前三条计划的排序不妥,应调整为:____▲____→____▲____→____▲____(填序号),并向小胡说明理由:____▲____。(3分)

(5)你提出,末段中____▲____句多余,可以删去。(2分)

2. 请你与小嘉同学共同完成下列几项工作。(13分)

(1)封面设计。小嘉找到了两幅图片,但不知选哪幅好,请帮他确定并说明理由。(3分)

甲　　　　　　　　　乙

(2)栏目设计。小嘉为班刊设想了以下栏目表,请你帮助补充完成。(4分)

栏目名称	栏目用途
开卷有益	介绍经典作品及其读书随感。
▲①	推荐或探讨有效的学习方法。
班级纵横	▲③
▲②	沟通编者与读者的思想感情。

(3)扉页设计。(6分)

小嘉:班刊扉页上应该增加一些古诗文名句,这样可以突出班刊"志学"的主旨,你觉得选哪些好呢?

你:真是好主意。我们可以从诸葛亮《诫子书》中选取"①　▲　,　▲　"一句来勉励同学们:下苦功学习与培养坚定不移的意志是增长才干并使学业成功的前提;我们可以选取《论语》中"②　▲　,　▲　"一句来提醒同学们:要注意学习与思考相辅相成的关系;我们还可以选取明代文学家宋濂《送东阳马生序》中"③　▲　,　▲　"一句来告知同学们:在学习中,只要精神充实,生活条件的艰苦是微不足道的。

活动二(56分)

为帮助同学们提升阅读能力,班刊编辑部选了下列几篇文章,请你参加相关活动。

(一)古诗文阅读(22分)

赠黎安二生序
[宋]曾巩

赵郡苏轼①,余之同年②友也。自蜀以书至京师遗予,称蜀之士曰黎生、安生者。既而黎生携其文数十万言,安生携其文亦数千言,辱以顾予。读其文,诚闳壮隽伟,善反复驰骋,穷尽事理;而其材力之放纵,若不可极者也。二生固可谓魁奇特起之士,而苏君固可谓善知人者也。

顷之,黎生补江陵府司法参军。将行,请予言以为赠。予曰:"予之知生,既得之于心矣,乃将以言相求于外邪?"黎生曰:"生与安生之学于斯文,里之人皆笑,以为迂阔③。今求子之言,盖将解惑于里人。"予闻之,自顾而笑。

夫世之迂阔,孰有甚于予乎?知信乎古,而不知合乎世;知志乎道,而不知同乎俗。此予所以困于今而不自知也。世之迂阔,孰有甚于予乎?今生之迂特以文不近俗迂之小者耳患为笑于里之人。若予之迂大矣,使生持吾言而归,且重得罪,庸讵止于笑乎?然则若予之于生,将何言哉?谓予之迂为善,则其患若此;谓为不善,则有以合乎世,必违乎古,有以同乎俗,必离乎道矣。生其无急于解里人之惑,则于是焉必能择而取之。遂书以赠二生,并示苏君,以为何如也。

(选自《古文释义》,[清]余诚编,吕莺校注,北京出版社2018年6月版)

[注释]①赵郡苏轼:苏轼的先祖是赵郡人。②同年:同一年考中进士。③迂阔:▲。

3.编写注释③时,小嘉犯了难,请你帮他补充完整。(2分)

4.附译文时,小嘉有两句拿不准,请你替他翻译。(4分)

(1)自蜀以书至京师遗予,称蜀之士曰黎生、安生者。

(2)生其无急于解里人之惑,则于是焉必能择而取之。

5.小嘉找到此文言文的版本是没有标点的,他对文中画线句子如何断句把握不准,请你帮助完成。(用"/"符号)(3分)

今生之迂特以文不近俗迂之小者耳患为笑于里之人。

6.下面对这篇赠序的分析,正确的一项是(▲)。(2分)

A.本文的"文眼"即为"赠"字,全文议论紧紧围绕"赠"字展开。

B.文章最后所说的"择而取之"是希望黎安二生能在古文与世俗之间做出选择。

C.作者行文的意图是为了表明对世人讥笑的这种"迂阔",自己是矢志不渝的。

D. 本文也是作者为自己的怀才不遇而写的,议论咄咄逼人,心中愤懑一泻无遗。

7. 小嘉想把下面这段评论编进栏目,但他有几个疑惑,请你帮助解答。(6分)

[评论] 因二生为文迂阔,而自笑立身行己之大。痛快淋漓中又复顿挫多姿,洵堪嗣续庐陵。至其命意之高超,立言之斟酌,补斡之精细,结构之浑成,更无不一一尽善。读者须潜心三复。

(1)评论里说此文"命意之高超",何以见得?(2分)

(2)为什么说此文"痛快淋漓中又复顿挫多姿"?(4分)

8. 小嘉还找到了下面这首古诗,请你帮助赏析。(5分)

病起书怀

[宋]陆游

病骨支离纱帽宽,孤臣万里客江干。

位卑未敢忘忧国,事定犹须待阖棺。

天地神灵扶庙社,京华父老望和銮。

出师一表通今古,夜半挑灯更细看。

[注释]庙社:宗庙、社稷。和銮:又叫和鸾,古代车上的铃铛。挂在车前横木上称"和",挂在车首或车架上称"銮"。

(1)下列对这首诗的赏析,不正确的一项是(　　　　)(2分)

A."纱帽宽"一语双关,既言其病后瘦损,故感到帽檐宽松,也暗含被贬官之意。

B."庙社""和銮"为借代,用宗庙社稷借指国家,用车铃借指御驾亲征收复失地。

C. 此诗从诗人衰病远谪起笔,以挑灯夜读《出师表》收结,跌宕起伏,首尾呼应。

D. 尾联用典,追怀古人,以古人自期自许,欲效仿诸葛亮率兵北伐亲征统一国家。

(2)此诗抒发了诗人哪些情感?请联系全诗,简要分析。(3分)

(二)非连续性文本阅读(15分)

小胡选取了几则材料,想在班刊上增加一个文摘栏目,但对材料把握不准,请你帮助他。

【材料一】

新技术引起知识观冲突的最经典的例子可以追溯到西方哲学史的源头处,古希腊哲学家柏拉图在《斐德罗篇》中记述了这个故事:塞乌斯发明了文字,希望法老把文字传授给埃及人,好增强埃及人的记忆力。但法老不以为然,认为塞乌斯把文字的意义弄反了,他认为文字恰恰才促成了遗忘,因为人们依赖于外在的符号,反而会疏于用心记忆。

塞乌斯和法老谁对谁错呢?答案恐怕是:他们都对。

首先,他们是针对不同的环境进行的评估。塞乌斯是在人们已经依赖于文字的环境下评估文字的作用,认为在随时可以查阅文字资料的情况下,人们当然能够"记住"更多东西。而法老并没有把文字看成生活环境中不可或缺的一部分,他是基于文字尚未流行的环境衡量识字者的记忆,发现一旦让识字者脱离文字,他们的记忆能力注定衰退。

他们的分歧就在于:究竟是把文字这一新技术看作一个随时可能失去的外在工具,还是内嵌于生活环境的基本元素。

在法老看来,依赖文字的人即便能够始终借助于文字,他们获得的知识也是"假的"——他们看起来能够"无师自通",但"实际上一无所知",法老说道,由文字填满人心的并不是智慧,而是"智慧的赝品"。

依赖文字的人更容易把知识理解为刻板的、固定不变的东西。识字者会更倾向于认为,只有白纸黑字、铁板钉钉的东西才称得上知识,而那些灵活变通、难以刻画的东西反而被认为是"假的"或"低级的"知识。而法老或者说柏拉图想表达的意思是,在活生生的谈话中,人们能接触到鲜活的智慧,而不会把任何一句断言随便截取出来奉为不朽的真理。

(摘自胡翌霖《柏拉图对信息时代的启示:什么知识有价值》,《人民教育》2019.7)

【材料二】

在探索新技术时代的知识学习方面,西蒙斯对网络时代的知识及其学习问题的探索具有启发意义。他在代表作《网络时代的知识和学习——走向连通》一书中,主要阐述了这样一个逻辑:知识发生的情境、知识的流动状况和知识特性都已经变革,信息社会、多领域全景连通、知识变软是知识世界典型的状况,今天对知识的学习由此应该基于连通主义的思路来建立连通性的知晓网络。在这个新颖的逻辑中,软知识和连通学习的思想都是非常富有影响的。事实上,西蒙斯的这个新知识学习理论已经超过了传统的知识教育问题领域，因为这个理论特别关注个人知晓系统的建立问题。知识与知晓并不完全相同，二者之间的关系是：一个人知晓的东西并不一定完全来自知识；知识只是一个人知晓内容的一部分来源，或比较有确定性保障的来源；知识学习的效果指向了知晓；在知晓网络建设的大格局中，知识学习的问题依然可以得到相对独立的探讨。

（摘自余清臣《人工智能时代的知识教育》，《人民教育》2019.9）

【材料三】

人工智能（AI）最早诞生于1956年的达特茅斯学会，是研究、开发用于模拟、延伸和扩展人的智能的理论、方法、技术及应用系统的新技术科学。人工智能研究的目的是促使智能机器会听（语音识别、机器翻译等）、会看（图像识别、文字识别等）、会说（语音合成、人机对话等）、会思考（人机对弈、定理证明等）、会学习（机器学习、知识表示等）、会行动（机器人、自动驾驶汽车等）。人工智能经过60多年跌宕起伏，在移动互联网、大数据、云计算、物联网和脑科学等新理论新技术驱动下，大幅度跨越了科学与应用之间的"技术鸿沟"，迎来井喷式发展新高潮，呈现出深度学习、跨界融合、人机协同、群智开放、自主操控等新特征。

（摘自张广斌《人工智能时代基础教育课程现代化转型的认识与思考》，《人民教育》2019.11）

9.为便于同学们直观理解"材料二"中"知识"与"知晓"的关系，小胡让四位同学画了四张示意图，但他不知哪幅是准确的，请你帮助选出。（　　）（3分）

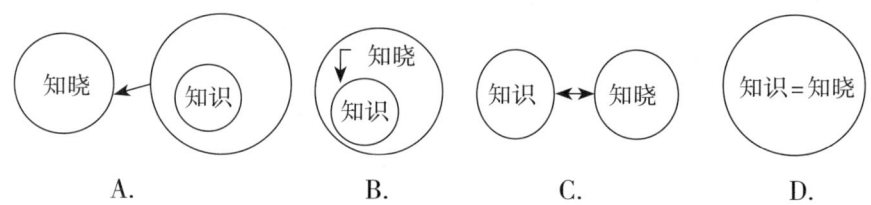

10.下面是小胡根据"材料三"对"人工智能"的理解，你觉得哪一项是正确的？（　　）（3分）

A.早在1956年达特茅斯学会研制了机器人，这就是"人工智能"。

B.我们在高铁站刷身份证即可进站，是因为"人工智能"会学习。

C.百度地图的语音导航，是"人工智能"在互联网支持下实施的。

D.当今"人工智能"主要朝着帮助人类免于思考之苦的方向发展。

11.为便于同学们阅读理解,小胡想对这一栏目进一步完善(具体见下图表)。(3分)

·文摘·		
标题：▲ (1)		
提示语：文字，内嵌于生活环境的基本元素 材料一 新技术引起知识观……	提示语：网络时代，让知识和学习走向连通 材料二 在探索新技术……	提示语：▲ (2) 材料三 人工智能（AI）最……

(1)给文摘栏目内的材料内容加一个总标题。请帮他完成。(2分)

(2)给三则材料分别加一句提示语。现已完成了"材料一"和"材料二"，但"材料三"尚未完成,请你帮帮他。(1分)

12.人工智能时代我们如何有效学习知识？请结合上述材料简要阐述你的观点。(6分)

(三)科幻小说阅读(13分)

时间移民

刘慈欣

前不见古人/后不见来者/念天地之悠悠/独怆然而涕下——题记

迫于环境和人口已无法承受的压力，政府决定进行时间移民，首批移民人数为8000万，移民距离为120年。

要走的只剩下大使一个人了，他脚下的大地是空的，那是一个巨大的冷库，里面冷冻着40万人，在这个世界的其他地方，还有200个这样的冷库，其实它们更像——大使打了个寒战，坟墓。

桦不同他走，她完全符合移民条件，并拿到了让人羡慕的移民卡。但与那些向往未来新生活的人不同，她认为现世和现实是最值得留恋的。她留下了，让大使一个人走向120年后的未来。

……

"怎么这么久才叫醒我？！"大使吃惊地看着原子钟。

"先遣队已以百年为间隔醒来并出动了5次，最长我们曾在一个时代生活了10年，但每次都无法实现移民，所以没有唤醒您。"先遣队长说。

"他们对移民是什么态度？"

"同意接收，但移民只能在与社会隔绝的保留区生活。"

"这绝对不能接受！"大使愤怒地说，"全体移民必须融入现在的社会，融入现在的生活，移民不是二等公民，这是时间移民最基本的原则！"

"这不可能。"先遣队长摇摇头。

"是他们的看法？"

"也是我的。哦，请听我把话说完。您刚解冻，而这之前我已在这个时代生活了半年多。请相信我，现实远比您看到的更离奇，您就是发挥最疯狂的想象力，也无法想象出这个时代的十分之一，与此相比，旧石器时代的原始人理解我们的时代倒容易多了！"

"移民开始时已经考虑了适应的问题，所以移民的年龄都在25岁以下，我们会努力学习，努力适应一切的！"大使说。

"学习？"先遣队长笑着摇摇头。"您有书吗？"他指着大使的手提箱问，"什么书都行。"大使不解地拿出一本伊·亚·冈察洛夫在19世纪末写的《环球航海游记》，这是他出发前看到一半的书。先遣队长看了一下书名说："随便翻到一页，告诉我页数。"大使照办了，翻到239页。先遣队长流利地背诵起航海家在非洲的见闻，令人难以置信地，一字不差。

"看到了吗，根本不需要学习，他们就像我们往磁盘上拷数据一样向大脑中输入知识！人的大脑能达到记忆的极限。如果这还不够，看这个，"先遣队长从耳后取下一个助听器大小的东西，"这是量子级的存储器，人类有史以来所有的书籍都可以存在里面，愿意的话可以连一个账本都不放过！大脑可以像计算机访问内存一样提取它的信息，比大脑本身的记忆还快。看到了吗，我自己就是人类全部知识的载体，如果愿意，您在不到一小时的时间内也能做到。对他们来说，学习是一种古老的不可理解的神秘仪式。"

"500年，时间不算长，怎么会有这么大的变化呢？"大使像在问先遣队长，又像在问整个世界。

"人类的发展是一个加速度，我们时代那50年的发展，可与过去500年相比，而现在的500年，也许与过去的50000年相当了！您还认为移民能适应这一切吗？"

"加速到最后会是什么？"大使半闭着双眼。

"不知道。"

"你所拥有的全人类的知识也不能回答这个问题吗？"

"我游历这几个时代最深感受是：知识能解释一切的时代过去了。"

……

"我们继续朝前走！"大使做出了决定，"带上那块芯片，还有他们向人脑输入知识的机器。"

在进入超睡眠的朦胧中，大使又见到了桦，桦越过620年的漫漫长夜向他看了一眼，<u>那让人心醉又心碎的眼神，使大使在孤独的时间流浪中有了家园的感觉。</u>大使梦见水晶大地上出现了一阵飘渺的飞尘，那是桦的骨骼变成的吗？

（节选自《时间移民》，江苏凤凰文艺出版社2014年12月版）

13.小嘉同学设计了导读任务单。请帮他完成相关内容。（13分）

阅读方法指导	阅读实践任务
学会把握内容	（1）用一句话概括情节充当导读语。（2分）
学会赏析批注	（2）文中加点短语"这么大的变化"指什么？（2分）
	（3）请对文中画线句进行赏析。（4分）
学会反思评价	（4）有人认为科幻小说太幼稚了，高中生阅读价值不大。请结合本文表达你的观点。（5分）

（四）名著阅读（6分）

14.班刊上开设了"观点争鸣"栏目，以下是第一期内容。请你积极投稿。

明代文学家金圣叹说"少不读水浒，老不读三国"，指的是人在年少的时候不应该读《水浒传》，年老的时候则不应该读《三国演义》。同学们对此产生了激烈的争论。你同意这种说法吗？请选择其中的一部，结合具体内容或人物，发表你的观点与理由。

活动三（70分）

15.请你根据班刊计划、栏目及阅读内容为班刊写一篇短小精悍又热情洋溢的创刊词。（150字左右，10分）

16.有部分家长不赞成同学们办班刊，担心影响学业。为打消家长的顾虑，班委会准备选拔同学在高一新生家长会上进行演讲，请你写一篇演讲稿。（60分）

要求：（1）文题自拟，不少于600字。（2）不得出现真实的人名、校名。

参考书目

①钱理群.名作重读[M].上海:上海教育出版社,2006.

②语文学习编辑部,绍兴鲁迅纪念馆.鲁迅作品在中学课堂[M].上海:上海教育出版社,2008.

③沃尔什,萨特思.优质提问教学法[M].刘彦,译.北京:中国轻工业出版社,2009.1.

④格兰特·威金斯,杰伊·麦克泰格.追求理解的教学设计[M].闫寒冰,宋雪莲,赖平,译.上海:华东师范大学出版社,2017.

⑤王林.思辨性阅读教学须直面三个问题[J].语文学习,2020,(9).

⑥方麟.核心素养视野下的古诗词教学[J].语文建设,2020,(12).

⑦王刚.核心素养视野下的真实任务群情境[J].语文学习,2019,(10).

⑧徐志伟.一致性·结构化·关联性·任务型[J].语文教学通讯,2019(6).